ABRAZA LO QUE NO PUDO SER

DE LA AUTORA *BESTSELLER* DE *CADA DÍA ES TUYO*

JORDAN LEE DOOLEY

ABRAZA LO QUE NO PUDO SER

ENCUENTRA CLARIDAD Y ALEGRÍA EN LO QUE CASI LLEGÓ A SER, LO QUE NO FUE Y LO DESCONOCIDO

ORIGEN

Penguin
Random House
Grupo Editorial

Título original: *Embrace Your Almost*

Primera edición: junio de 2022
Esta edición es publicada bajo acuerdo con
This translation published by arrangement with WaterBrook,
an imprint of Random House, a division of Penguin Random House LLC

© 2022, Jordan Lee Dooley
© 2022, Penguin Random House Grupo Editorial USA, LLC
8950 SW 74th Court, Suite 2010
Miami, FL 33156

Traducción: Juan Luis Delmont
Diseño de cubierta: Sarah Horgan
Imagen de cubierta: NikaMooni / Shutterstock

Impreso en México / *Printed in Mexico*

ISBN: 978-1-64473-326-4

ORIGEN es una marca registrada de Penguin Random House Grupo Editorial

A Matt, mi compañero de equipo frente a las bolas curvas que la vida me lanza, frente a lo que podría romper mi corazón y cada sueño demorado que la realidad ha traído y que inevitablemente traerá.

ÍNDICE

INTRODUCCIÓN

A pesar de que nunca me gustó correr, ingresé al equipo de atletismo cuando estaba en secundaria. Desde que varias amigas lo hicieron, decidí que yo también me inscribiría. Sin embargo, en secreto juré que renunciaría si el entrenador me hacía correr los 400 metros. ¿Correr a toda velocidad una vuelta completa alrededor de la pista? No, gracias.

Pero, después de las primeras prácticas, el entrenador me dijo que, efectivamente, en una próxima competencia correría los 400 metros. *Debes estar bromeando.* Consideré la posibilidad de retirarme, pero mi naturaleza competitiva me desafió a intentarlo.

Llegó el día de la competencia. Con el corazón golpeando por salir de mi pecho y con la adrenalina corriendo por mis venas, me coloqué en la línea de partida del temido evento. Escuché el disparo al aire y, junto con seis o siete competidoras, salí corriendo. Al doblar la última curva y entrar en los cien metros finales, me sorprendió encontrarme codo a codo con una rival por el primer puesto.

Oh, mi Dios, ¡realmente puedo ganar!

Justo cuando nos acercábamos a la meta, saltó a mi mente la imagen de los corredores olímpicos que había visto por televisión. Recordé que se inclinaban hacia la meta para cruzarla solo un milisegundo antes que su oponente. A pesar de que nunca había ensayado esa táctica, decidí usarla.

Y fue una idea terrible.

Me incliné demasiado rápido y demasiado pronto y, en lugar de cruzar la línea, el impulso me tiró hacia delante y me estrellé de cabeza en la pista con los brazos estirados y las puntas de los dedos a unos centímetros de la meta. Todo el mundo me rebasó mientras yo estaba tirada boca abajo, incrédula y sorprendida, con los codos y las rodillas despellejadas.

El juez se inclinó y me preguntó si todavía quería terminar la carrera. Levanté la vista y vi a todos los demás corredores del otro lado de la meta chocando las manos entre sí y tomando un sorbo de agua. A pesar de la humillación, conseguí ponerme de pie y di un paso más para cruzar la línea de meta.

Estuve a punto de terminar en primer lugar y acabé en el último. Pocas veces en mi vida me he sentido tan ridícula como aquel día.

¿Alguna vez has estado en una situación parecida? Muy cerca de lograr algo importante o de alcanzar una meta con la cual soñabas, solo para terminar boca abajo en el suelo, muy cerca de donde deseabas estar.

No cuento esta humillación por el gusto de hacerlo. Créeme, preferiría guardarla en los archivos de mis malos recuerdos y no volver a mencionarla. Sin embargo, la comparto porque quiero darte una idea del por qué creo que este libro es necesario. ¿No te parece que, dondequiera que mires, encuentras un mensaje diciéndote que vayas por el oro, que logres tus metas y que conquistes el mundo? ¿Pero qué pasa si tus mejores esfuerzos por lograr eso que esperas y por lo que has orado fervientemente terminan en una caída de cabeza que te deja tirado *casi* donde querías llegar, fallando por muy poco? ¿Entonces qué? ¿Aún puedes ser exitoso?

Cuando la meta está al alcance, ¿qué pasa si te das cuenta de ibas detrás de un logro que ni siquiera necesitas o realmente te agrada?

Veamos, yo sé que es devastador o al menos sumamente frustrante *casi* lograr un objetivo, *casi* alcanzar un sueño y ver que una esperanza casi se hace realidad, solo para sentir que todo se viene abajo en el último minuto. Sé lo que se siente pensar que tienes el mundo a tus pies en un instante, solo para sentir al siguiente instante que todo está en tu contra. Sé lo extenuante que es escuchar frases gastadas sobre levantarse y volver a intentarlo, cuando lo único que quieres es tirarte a tomar un condenado descanso.

No me malinterpreten. Soy una persona orientada por metas... hasta que dejo de serlo. Soy una persona resuelta y tiendo a hacer planes cuando emprendo algo nuevo. Visualizo en mi mente lo que quiero que ocurra y luego actúo rápidamente para llevarlo a cabo. Avanzo sin prisa y sin pausa completando mi plan paso a paso y día tras día. Si nada interrumpe el proceso, cruzo la meta con una plácida y gran sonrisa.

Sin embargo, con frecuencia surge algo que interrumpe mi búsqueda o me desvía del rumbo, justo cuando estoy a centímetros de un logro profesional, de alcanzar una aspiración personal o cualquier otra cosa. Un acontecimiento mundial inesperado, una crisis familiar desgarradora o un traspié son solo algunos de los innumerables factores que pueden derribar mi plan antes de que tenga oportunidad de impedirlo.

Cuando eso ocurre, a menudo me obliga a replantearme por completo mi propósito: *¿por qué* estoy haciendo lo que estoy haciendo? *¿De verdad* quiero luchar o trabajar por eso? Si es así, ¿cómo puedo avanzar de otra forma? Si no lo es, ¿qué pasos debo dar para dejarlo ir o hacer un cambio?

Quizá tú también seas una persona que planifica. O tal vez no. Tal vez seas de las que improvisan dejándose guiar por el instinto; también aprecio la belleza de la espontaneidad. Independientemente de si estás orientada a resultados o más bien te dejas llevar por la corriente, apuesto a que tienes ideas, esperanzas y sueños acerca de lo que imaginabas para tu vida.

Tal vez hayas pensado que a estas alturas ya habrías celebrado tu matrimonio, tendrías dos hijos y un perro, que ya habrías alcanzado determinado nivel en tu carrera, que disfrutarías de salud y energía, o alguna otra cosa que no ha resultado del todo bien, aunque en algún momento te sentías tan cerca de lograrlo que podías saborearlo. Tal vez hayas pensado:

Ese tipo era casi *el señor adecuado… hasta que cambió de idea.*

Ese ascenso era casi *mío hasta que inesperadamente perdí a un ser querido y tuve que tomarme tiempo libre, por lo que le dieron el puesto a otra persona.*

La maratón para la que entrenaba era casi *un hecho, hasta que mi hijo enfermó y tuve que enfocar toda mi atención en cuidarlo en lugar de entrenar.*

O quizá a menudo sientas que ya *casi* llegaste adonde quieres estar, pero la condenada línea de meta se mueve unos pasos más allá.

A veces, *sí* conseguimos lo que queremos, pero no sentimos la satisfacción que esperábamos. Otras veces, indeseadas o inesperadas interrupciones no solo nos desvían del camino, sino que además nos hacen repensar completamente nuestros sueños.

Contrario a la creencia popular, tal vez repensar los sueños no siempre sea tan malo. Dicho esto, no estoy segura de que la respuesta a las decepciones de la vida y a las expectativas incumplidas sea tan sencilla como: "Levántate y vuelve a intentarlo". En cambio, la respuesta suele ser más bien:

"Examina *qué* estás tratando de lograr, *por qué* lo haces y *cómo* determinas aquello que es importante para enfocarte en eso, especialmente en medio de los *casi*". En otras palabras, redefine cómo luce el éxito *para ti* en un mundo que constantemente te dice lo que debes hacer. Esto parece obvio, ¿verdad? Entonces, ¿por qué es tan difícil?

Quizá sea porque el mundo puede hacernos sentir que debemos quererlo todo y hacer todo al mismo tiempo: Destaca en tu carrera. Y también sé una buena esposa. Ten hijos. Sé una buena madre. Pero, además, sé tú misma. No dejes que tu vida de familia te frene, pero también es genial estar soltera. Come todo el *kale*. Bebe un galón de agua. Haz ejercicio todos los días. Haz voluntariado para todo, porque necesitas ser buena persona. Decora linda tu casa. Gana buen dinero. Ah, pero no demasiado, porque entonces serías egoísta y codiciosa. Vete de vacaciones a lo grande. No olvides ejercitarte. Asiste a esa reunión para que la gente te siga invitando. Mantén contacto con los viejos amigos. Publica en las redes sociales para que todos vean lo feliz que eres. Ten una rutina matutina. Ten también una rutina vespertina. Ayuda a tu vecino. Llama a tu mamá. Haz absolutamente todo.

Es demasiado. Algunos mensajes casi parecen contradecirse. ¡No es de extrañar que nos cueste tanto sentirnos satisfechos por lo que sea que hagamos! En cuanto nos casamos o tenemos un bebé, nos dicen que a los treinta años debemos haber alcanzado nuestros objetivos profesionales. En cuanto alcanzamos un objetivo profesional, alguien empieza a hablar del reloj biológico y de por qué debemos darnos prisa, encontrar una pareja y hacer bebés. ¿Cómo puede una chica seguir semejante ritmo? Por sobre nuestras expectativas y esperanzas, desde muchos ángulos nos golpean la presión y las expectativas de otros.

A veces pareciera que solo con el corazón roto, cuando enfrentamos una decepción por expectativas sin cumplir, es que tenemos la oportunidad de recolectar cada pieza de nosotros mismos, examinar todo lo que hacemos, además de aclarar qué es lo que realmente valoramos y cuál es nuestra definición de éxito, especialmente en un mundo que siempre está diciéndonos cómo debería lucir una vida exitosa.

Dicho esto, el libro que tienes en tus manos no habla sobre cómo destacarse en la vida, cumplir con todas las metas, conquistar el mundo o ganar una carrera. Estas páginas existen para ayudarte a definir qué es el éxito para *ti*, enfocarte en los logros correctos para *ti* y correr bien *tu* carrera, aun cuando las cosas no salen como las habías planeado.

Se trata de encontrar claridad y contentamiento —incluso en medio de sueños casi-pero-no completamente cumplidos— y de sacar el máximo provecho de los puntos intermedios y de las incógnitas.

¿Por qué?

Porque si solo vivimos para los momentos cumbre —los grandes éxitos y las enormes victorias que se ven en la superficie— nos perdemos el refinamiento que sucede en los valles. ¿Qué pasa cuando estamos escondidos, cuando nadie ve nuestros esfuerzos, cuando trabajamos durante lo que parece una eternidad solo para *casi* lograr nuestro objetivo? Pues esa es la situación de tensión en la que pasaremos la mayor parte de la vida.

La vida, la vida real, en la que debemos trazar nuestros planes y llevarlos a cabo en medio de retos inesperados requiere que tengamos claro qué es prioritario y qué no lo es, de modo que podamos definir cómo luce el éxito para nosotros y avanzar en la dirección correcta, incluso después de un tropezón.

Una invitación

Considera esta pregunta: "¿Te gusta tu vida?". A lo mejor no te gusta del todo o no has llegado exactamente a donde querías. Pero aquí, a medio camino, ¿te gusta lo que estás viviendo, lo que estás creando y escogiendo cada día? ¿Te sientes conectada con lo que haces o buscas lograr?

Lo pregunto porque creo que a veces, cuando estamos atascadas entre el punto de partida y el punto al que queremos llegar, cuando vivimos esas temporadas casi-pero-no-completamente, nos enfocamos tanto en la vida que *deseamos* lograr que fallamos en apreciar la que *tenemos*. De hecho, puede que cedamos a la tentación de no apreciar, o incluso odiar, nuestra única, loca y maravillosa vida porque nos ha defraudado o nos ha roto el corazón de alguna forma. Parece casi imposible *amar* nuestra vida cuando nos enfocamos en lo que no ha ido bien. Sin embargo, creo que como mínimo nos debe gustar, como también podría y debería gustarnos, aquello en lo que invertimos nuestro tiempo, talento, energía e inspiración.

Voy a arriesgarme a argumentar algo que me ha ido enseñando mi propia travesía: a veces la decepción, las expectativas incumplidas y los momentos de casi-pero-no-del-todo son una invitación a reevaluar lo que estamos haciendo, reconsiderar por qué lo estamos haciendo y reordenar nuestras prioridades para que podamos disfrutar de una vida que realmente nos guste, incluso antes de conseguir todo lo que queremos.

Que te guste tu vida no significa que no puedas aspirar a más. No significa que no puedas desear, planear o soñar posibilidades. No significa que dejes de anhelar cosas que ahora parecen fuera de tu alcance. Simplemente significa que aprendes a vivir en el clima de tensión entre la decepción y la posibilidad. Significa que, simultáneamente, te permites aspirar a lo que podría suceder y sacas el mayor provecho a lo que sucede en este momento. Significa que sabes lo que de verdad quieres en un mundo que constantemente te dice que deberías quererlo todo. Es el atrevimiento de no tomarte demasiado en serio y divertirte más en el camino hacia tus esperanzas y sueños. Es redefinir cómo luce y cómo se siente el éxito para ti, encontrar gozo en lo que haces y crear una existencia agradable, sin importar los resultados que obtienes. Es intercambiar la perfección por la extravagancia, el deleite, la fe y el propósito mientras atiendes tu vida actual.

Con esto en mente, descubrí que nuestras mayores decepciones pueden ser una de dos opciones: un callejón sin salida o un momento decisivo. Pueden ser el génesis para tener claro qué es lo que más nos importa y cómo cultivarlo, de manera que cultivemos menos todo lo demás.

Cuando la decepción te aclara qué cosas valoras y qué aspecto *realmente* tiene el éxito para ti, descubres que puedes cultivar una vida que te guste incluso antes de llegar a donde quieres ir. Podrías descubrir que en realidad no te importa ser la mejor del equipo de atletismo o el número uno en tu industria, que no necesitas estar a la altura del resto o superarlos para triunfar, que no quieres romper ningún techo de cristal o que no necesitas tener todo lo que dicen que deberías querer para sentirse realmente satisfecha y feliz.

¿Y qué con esos descubrimientos? ¿Qué pasa con esos hallazgos que nos muestran lo que realmente nos importa, a qué estamos llamados y qué podemos gestionar bien? Pues nos liberan para *vivir* más nuestra vida en lugar de perseguir más y más solo porque sí.

Claridad para el futuro y satisfacción en el presente —incluso frente a la incertidumbre que viene con el dolor de los *casi lo logro* y de las expectativas incumplidas— es lo que deseo ayudarte a descubrir en estas páginas.

Si esto te suena bien, sírvete una copa y conversemos al respecto.

1

Redefine el *éxito*

Me sentí mal del estómago, como si fuera a vomitar. Mientras miraba la pantalla de la computadora y parpadeaba intensamente al ver los resultados de un proyecto, el corazón se me hundió hasta los pies. ¡Había invertido más de sesenta mil dólares en ese negocio! Estuve dispuesta a correr el riesgo porque incluso las predicciones más conservadoras indicaban que triplicaría y cuadruplicaría mi inversión.

Sin embargo, los datos desplegados frente a mí mostraban que tal vez ni siquiera los recuperaría.

"¿Cómo pudo pasar?", me pregunté mientras trataba de encontrarle sentido. "¿Pasé algo por alto?". Había investigado, planeado y calculado detalladamente cada movimiento. El éxito estaba asegurado y la inversión se supone que tendría una generosa recompensa.

Revisé todo una y otra vez, solo para obtener la misma respuesta: el asunto *no* iba bien. Me sentí tan estúpida. ¿Cómo podía estar tan equivocada en mis predicciones? ¡¿Por qué siempre soy tan excesivamente ambiciosa?!

Cuando fue evidente el tamaño del fracaso que el proyecto anunciaba, llamé a mi esposo y le expresé lo preocupada que estaba. Trató de darme ánimo y me propuso que fuéramos esa noche a nuestro pequeño restaurante italiano favorito para discutir posibles planes de acción. Aún sin creer que tuviéramos esta conversación, acepté de mala gana y él hizo una reservación.

Esa noche, mientras él giraba sus *linguini* en el tenedor y yo mordisqueaba mi *risotto* sin gluten, dijo algo que yo no esperaba: "J, sé que esto se siente como una gran pérdida y tu frustración es válida. Pero también quiero recordarte que no *tenías que* hacerlo. Era algo que querías hacer, pero era extra. No es esencial para lo que mejor sabes hacer. Y tal vez sea una lección de contentamiento en una temporada en la que has estado diciendo que quieres bajar el ritmo. Tal vez sea una oportunidad para dedicarte a lo que sí está funcionando, en vez de constantemente buscar algo nuevo que funcione".

Tragué con dificultad mientras procesaba lo que él acababa de decir.

Tenía razón. Tal vez había dejado que mi ambición por cada vez más, más y más se me fuera de las manos... otra vez. De una manera extrañamente inesperada, fue como si ese día, en una mesita comiendo pasta, él me hubiera dado permiso para reconsiderar todo lo que yo andaba persiguiendo y también ver si yo me daba el permiso de aceptar que era suficiente todo lo que sí estaba funcionando.

Después de pagar la cuenta, nos fuimos a casa, nos pusimos ropa cómoda y nos recostamos a leer bajo las encantadoras hileras de foquitos en nuestro patio. El sonido de los grillos llenaba el aire fresco de la noche y respiré profundo mientras pensaba: *Vaya… aunque este proyecto no funcione, en este momento me gusta mucho mi vida.*

Claro, tendría que recuperar algunas inversiones, pero extrañamente esa pérdida me recordó que debía estar agradecida por todo lo que sí andaba bien. Hice una pausa, vi a mi alrededor y lo respiré todo, descubriendo que sentía un nivel de gratitud más profundo que antes. Tal vez porque cuando nos golpean la decepción, la pérdida o las expectativas insatisfechas, recordamos lo buenas que son las cosas cotidianas que solemos ver como normales.

El jardín

Un par de días después de nuestra cena italiana, salí por la puerta trasera y vi a mi marido preparando las cajas con tierra abonada para plantar el huerto, justo cuando el sol se ponía sobre el lago a sus espaldas. Era una tarde de primavera. La luz dorada se reflejaba en el agua y pintaba su atlética silueta. Entrecerré los ojos protegiéndome de la luz del sol mientras caminaba hacia él para ofrecerle ayuda. Sonreí frente a la escena que se me hizo familiar del verano anterior, cuando hicimos nuestro primer intento de sembrar una huerta.

Con las manos en la tierra, mi mente saltó en el tiempo hasta el agosto anterior, la primera vez que habíamos intentado dar vida a un jardín, pero que fracasó porque, según nos enteramos después, en ese mes ya había pasado la temporada de la siembra. La motivación para comenzar en ese tiempo fue el duro verano que había pasado nuestra familia, por lo que yo necesitaba un pasatiempo. Además, sabía que comer productos frescos, orgánicos y cultivados en casa era mucho más saludable que comprar comida que tenía días y hasta semanas en la tienda, así que decidí probar la jardinería. No importaba que nunca hubiera sido capaz de mantener viva ni siquiera una simple planta de interior durante más de una semana. Mis pobres suculentas, una de las plantas de menos mantenimiento que se pueden tener, se marchitaban porque yo constantemente andaba fuera de casa.

Pero me sentí empoderada y decidida a hacer que prosperara ese huerto de finales de verano. Soñando con los racimos de espinaca, *kale* y zanahoria que iba a cosechar, busqué en los libros de cocina nuevas y deliciosas recetas para probar con mis eventuales verduras. Y para mayor suerte —o al menos para completar la apariencia de agricultor—, vestí mi overol el día de la siembra.

Semana tras semana, fielmente regaba y limpiaba de maleza mi primer jardín. Esperaba con impaciencia a que los pequeños brotes surgieran de la tierra. Incluso, me detenía en la sección de legumbres del supermercado, segura de que iba a cosechar mejores vegetales que esos frente a mí.

Pero no fue exactamente lo que ocurrió. Ese primer año, a pesar de mi mejor esfuerzo y el trabajo duro, mi cosecha apenas fue de cuatro míseras hojas de *kale*. No, no cuatro plantas. *Hojas*. O sea, una planta sobrevivió y me dio unas pocas hojas. El resto de la cosecha se la comieron los gusanos o la mató una helada temprana. Ni siquiera pude hacer una ensalada de verdad con mi cosecha. Esa única planta que sobrevivió fue como una graciosa burla a mis esfuerzos casi exitosos.

Mientras recogía las cuatro hojas de la planta, vi que en el suelo donde se suponía que crecerían mis zanahorias, lamentablemente apenas había unos brotes. Estaba claro que fallé miserablemente.

¿O no?

Si evaluamos el éxito por la cosecha física, entonces sí, había fracasado. Sin embargo, si nos referimos a mi propio crecimiento a medida que aprendía a calcular el tiempo y a no apresurarme, a sembrar y cuidar del jardín consistentemente, entonces, mis esfuerzos podrían considerarse un gran éxito.

Tal vez esas pocas hojas de *kale* no representaban un fracaso. Tal vez ilustraban lo que era posible. En lugar de ver la única planta que sobrevivió como una decepción, empecé a verla como una prueba de que yo *podía* cultivar algo. Con algunos cambios (como sembrar antes, en la temporada y desarrollar una mejor estrategia para ahuyentar a los hambrientos conejos y gusanos) sabía que podía obtener un mejor resultado. Aquella planta me mostró que tal vez, simultáneamente, se puede experimentar una decepción y vislumbrar una posibilidad.

Mientras mi esposo y yo trabajábamos en la siembra del huerto la primavera siguiente —irónicamente la misma semana en que mi proyecto se había desplomado por completo y yo sentía que era una fracasada— reflexionaba sobre mi primera experiencia de jardinería, lo que me llevó a pensar en el éxito y en cómo lo definimos.

Muchos vemos el éxito como lo que producimos o logramos de forma tangible: conseguir el gran trabajo, obtener el ascenso, lanzar un gran proyecto, encontrar el amor y casarse, comprar la casa de nuestros sueños y mucho más. Logramos esas cosas y, *voilà*, hemos triunfado ¿verdad?

Esa ideología sugiere que, si no alcanzamos nuestras expectativas, entonces no somos exitosos. Pero descubrí a través de mis intentos de jardinera aficionada —así como a través de otras búsquedas significativas de las que hablaré luego— que el éxito es en realidad algo más profundo que alcanzar un resultado específico.

Eso quisiera que examináramos mientras nos paseamos juntos por las siguientes páginas: podemos ser exitosos y disfrutar de una vida hermosa, *incluso cuando* metas y sueños específicos tomen más tiempo o resulten exactamente como lo planeamos. Solo debemos concebir el éxito de otra forma. Debemos escarbar bajo la superficie para encontrar lo más importante y asegurarnos de hacer que crezca.

En otras palabras, aunque superficialmente parezca que hemos fracasado, si hemos permitido que la experiencia nos mejore, nos transforme y nos haga crecer hasta convertirnos en las mujeres que hemos de ser, entonces habremos tenido éxito mucho más allá de cualquier búsqueda superficial.

Podemos tener experiencias muy gratificantes aun cuando nuestros deseos, planes y metas *casi* se logran, aunque no sea del todo e incluso podemos experimentarlas en medio de las angustias más difíciles. De hecho, yo diría que hasta las decepciones que resultan callejones sin salida, o sea, que no llevan a ninguna parte, pueden ser momentos decisivos y que nuestros reveses más dolorosos pueden prepararnos para seguir el llamado para el cual nacimos. Por supuesto que sucede, *si* lo permitimos.

Por favor, comprende que no estoy restando importancia al dolor y el desengaño que acompañan a los reveses y las decepciones. Créeme, he experimentado una buena dosis de desconsuelo y aflicción. Pero la decepción no es el final del juego. Y, como verás en los próximos capítulos, es posible que los reveses más duros se conviertan en preparativos para el éxito en lo que más te importa. El éxito *es* posible, incluso si se ve diferente a como lo habías visualizado.

El éxito no es talla única

Antes de avanzar en el camino de redefinir cómo vemos y buscamos lo que creemos que deseamos, debemos analizar nuestra idea de éxito en primer lugar.

Por ejemplo, ¿qué nos viene a la mente cuando consideramos cómo es una mujer exitosa? Tal vez la imaginamos en juntas directivas, con lápiz labial llamativo, quebrando cualquier techo de cristal, con un salario impresionante y un aire de confianza por el que daríamos cualquier cosa. Pareciera que todo lo que toca se convierte en oro y que se abre camino con soltura de una meta a la otra. De alguna manera se las arregla para hacerlo todo, aparentemente mantiene sus relaciones y sus objetivos financieros en perfecto equilibrio, nunca falla en derribar a cualquier competidor que entre en el cuadrilátero, todo esto mientras se atraganta un Red Bull tras otro, porque, como decimos a menudo, *el éxito no duerme.*

O tal vez imaginamos a la mujer exitosa con la típica casa americana con valla blanca, unos hijos preciosos y un marido que la adora. Cocina comidas de cinco platos que darían envidia a Martha Stewart o Giada. Su casa siempre está limpia y ordenada, tiene un huerto que produce frutas y verduras galardonadas, que enlata y adorna con hermosas etiquetas escritas a mano.

O podemos tener cualquier otra versión del éxito. Pero, sea cual sea la forma que imaginemos, va acompañada por un montón de elogios, ¿no es así? Y si no te ajustas del todo a la imagen de la vida que deseas, sientes la tentación de pensar *no soy suficientemente exitosa*.

Sin embargo, el éxito tal vez no sea tenerlo todo o aparentarlo. El verdadero éxito radica en el viaje hacia dónde queremos llegar, cuidando lo que más importa y, en última instancia, convirtiéndonos en lo que estamos destinados a ser. Cuando somos capaces de entender y abrazar este tipo de éxito, podemos aprovechar al máximo cada momento y centrarnos en lo que realmente importa y eso tiene un enorme valor, ya sea que estemos en la cumbre de grandes logros o en lo profundo de las peores decepciones.

Preparar el huerto al año siguiente de un intento fallido —y coincidentemente en medio de lo que parecía un gran fracaso en mi carrera— me ayudó a darle un marco diferente a la decepción que estaba sufriendo. En términos de dólares y centavos, mi proyecto no era exactamente un rotundo éxito. Pero me retó a estar presente, apreciar las pequeñas cosas, ocuparme de la vida que tenía por delante y reconsiderar qué era realmente lo que estaba buscando. Cambió mi forma de ver las cosas y transformó la forma en que canalizo mi ambición. *Fue* un crecimiento necesario. Y eso es parte de lo que el éxito necesita ser.

¿Eres ambiciosa?

Ya que hablamos del éxito, veamos cómo se relaciona con la ambición.

¿En qué piensas cuando escuchas la palabra *ambición*? Podríamos recurrir a la definición oficial del diccionario Merriam Webster: "Un fuerte deseo de hacer o lograr algo, que suele requerir determinación y trabajo duro". ¿Qué significa eso, especialmente relacionado con ser mujeres exitosas? Me pregunto si te has dado cuenta de que, en algunos círculos, la palabra ambición vinculada a una mujer se considera inapropiada, es vergonzoso para ellas que se les defina como demasiado ambiciosas. Algunos pueden verla como altamente competitiva y decidida que pasa por encima de quien se interponga en su camino. O piensan que está dispuesta a correr grandes riesgos, incluso, a sacrificar su salud o su familia para conseguir un gran sueldo, ascenso o la popularidad que busca. Después de todo, así fue como nos planteaban el éxito los movimientos *girl boss* de mujeres emprendedoras, o *hustle culture* de mujeres dedicadas al trabajo, iniciativas que se apoderaron de internet durante un tiempo.

Entonces, si queremos ser exitosas, ¿debemos tener una ambición de *esa índole* o *ese nivel*? ¿Y si no, significa que no tenemos oportunidad de alcanzar nuestras metas?

No lo creo. No creo que el tipo y grado de ambición que tenga una mujer deba ser la medida de su valor o de su éxito y tampoco creo que su ambición sea algo de lo que deba avergonzarse. De hecho, creo que la ambición es un don que Dios ha introducido en nuestro ADN. Al fin y al cabo, la ambición nos da la resiliencia para levantarnos cuando nos tiran a la lona y nos da la determinación de hacer algo significativo con nuestra vida —ya sea en un sentido empresarial o personal—.

Por ejemplo, es producto de la ambición ese impulso que nos motiva a realizar un proyecto, que nos provoca hacer lo necesario y conveniente para nuestra salud, o para impactar positivamente a los demás con nuestro trabajo.

La verdad es que *todos* somos ambiciosos. Aunque la ambición puede ser diferente para cada uno. Si tienes el deseo de cuidar de los demás o de hacer la diferencia en tu rincón del universo, entonces, eres una mujer llena de ambición. ¿La ambición puede salirse de control, provocar que busquemos siempre complacer a la gente, que nos comprometamos en exceso y nos agotemos o, como en mi caso, que gastemos demasiado en busca de más dinero, reconocimiento, etcétera? Por supuesto. Y algunos tipos de personalidad son más susceptibles a esto que otros (culpabilidad).

La ambición es un rasgo conveniente y necesario. Apostaría a que tienes un fuerte deseo de hacer o lograr algo significativo en tu vida, aunque te importen poco los grandes sueldos, las plataformas o los ascensos. Yo sí deseo logros significativos. Me motiva una lista de grandes metas que quiero alcanzar en mi vida personal y profesional. De hecho, uno de mis mayores sueños ha sido tener una familia. No es algo que la mitad del mundo considere muy elegante o sexy, pero tiene mucho sentido para mí. Es más, muchos de mis otros sueños palidecen comparados con ese. Es mi mayor anhelo desde que me regalaron mi primera muñeca cuando era niña. Deseo construir una carrera, pero estoy más empeñada en cuidar de mi matrimonio y familia.

Quizá tener una familia no sea una de tus mayores ambiciones. Tal vez quieras ser la primera mujer gobernadora de tu Estado, tener un negocio próspero, cambiar el sistema de atención médica o incluso convertirte en una bailarina folclórica ucraniana profesional. ¡Genial!

Tal vez sueñes con cambiar el mundo o tal vez con llevar una vida sencilla en un pueblo pequeño. Tal vez te encuentres en algún punto intermedio (hola, yo también).

Como sea, la ambición es el empuje que sientes por lograr esos importantes sueños y metas. En el fondo, la ambición tiene que ver con nuestra *determinación*. Y no tiene solo que ver con los sueños. Determinación es lo que usamos para levantarnos y volver a intentarlo después de una decepción, para seguir cuidando a un familiar enfermo cuando la esperanza se desvanece, para sanar un matrimonio roto, para seguir un proceso de sanidad y mucho más.

La determinación —la ambición— es buena. El problema es vivir en un mundo que nos dice que podemos tenerlo todo y supone que *queremos* tenerlo todo. Deberíamos querer hacer más, tener más y ser más. Nos dicen que debemos crear pictogramas con nuestra visión, manifestarla, como en un testamento, para traer los sueños al mundo de la existencia —para que las cosas salgan exactamente como queremos—, como si la vida real fuera así de sencilla.

No me malinterpreten, estoy a favor de establecer intenciones y tener una visión a la que aspirar. Pero a veces me pregunto si nuestra ambición no tiende a extraviarse. Nos acostumbramos a pegar objetivos y sueños arbitrarios en nuestros tableros de visión solo porque alguien tiene una casa de playa fabulosa, un cuerpo aparentemente perfecto o un negocio millonario y pensamos que a nosotros también nos gustaría todo eso. Probablemente sucede eso porque no estamos seguros de lo que *realmente* queremos en nuestra vida. Así que escribimos propósitos o pegamos imágenes de lo que se ve bien para luego enfocar nuestra ambición y determinación en lograr esas cosas, con lo que nos preparamos para una potencial desilusión.

Aunque sí *sean* nuestros deseos, cuando nos esforzamos por alcanzarlos y no lo conseguimos, la decepción puede sacudirnos hasta la médula y provocar que cuestionemos todo nuestro rumbo. Como resultado, podemos acabar con una sensación de pérdida, confusión, desánimo y enorme desorientación.

Cuando el mundo nos dice que, si marcamos las casillas correctas y persistimos, podemos obtenerlo todo, es frustrante, incluso es una derrota que no suceda como lo imaginamos. Cuando la realidad parece negarse obstinadamente a cumplir con lo esperado, ¿qué hacemos con nuestra ambición?

He lidiado con mi buena ración de decepciones y de sueños interrumpidos y aplazados, preguntándome cómo o si debería seguir adelante. Me he preguntado cómo puedo mantener mi ambición —mi determinación para seguir adelante— a través de la desilusión. Una en particular me sacudió hasta los huesos; sobre ello hablaré más adelante. Sin embargo, en medio de esa experiencia tan difícil y esclarecedora a la vez, descubrí una verdad importante: nuestra vida se parece más a un huerto que hay que cuidar que a un juego que hay que ganar. Cuanto más tiempo he pasado elaborando esta verdad, más veo que es simple y profundamente compleja a la vez.

Volvamos a mi primer huerto por un minuto. Al principio, veía mi aventura de jardinería como un juego: siembro las semillas, las riego, crecen, las cosecho y me las como… ¡gané! Después de cosechar solo cuatro hojas de *kale* ese primer otoño, no estaba segura de querer intentarlo otra vez. Pero algo dentro de mí —llamémoslo ambición— sabía que no podía dejarlo así. No era un juego, era una experiencia que necesitaba paciencia y atención.

Aunque plantar un huerto es un gran esfuerzo, fracasar en ello obviamente no se compara con ver morir o marchitarse sueños más significativos. Entonces, ¿cómo avanzamos cuando quedamos atascados en fracasos y decepciones? Hacemos una pausa, nos centramos en lo que nos proponíamos, recordamos *por qué* nos lo proponíamos y cambiamos de dirección si es necesario, o cavamos profundo y encontramos el valor para seguir adelante, tal vez haciendo algunos ajustes a nuestro enfoque para la próxima vez.

Pronto sabrás que sé por experiencia cuán frustrante es sentir una y otra vez que te topas contra un muro, sin importar lo que hagas por evitarlo. Sé lo mucho que duele sentir que tus mejores esfuerzos te lleven siempre al mismo lugar. Entiendo lo difícil que es esperar. Y sé de primera mano la rabia que burbujea en tu interior cuando algo echa por tierra todo tu duro trabajo, tus planes perfectamente trazados y tu *serán-felices-para-siempre*, haciendo que tu vida se parezca más a un cuento de casi-felices-para-siempre.

Eso es una cosa.

También he visto plantas que brotan en las ruinas. Ese tipo de crecimiento no suele ser grande, llamativo o divertido. Más bien, suele ser lento y casi siempre secreto, oculto al mundo. No es el tipo de crecimiento que se extiende a lo alto y a lo ancho desde el inicio. Es del tipo cuyas raíces crecen profundo, el que transforma a mujeres ambiciosas como tú y yo.

Así que, aunque no tengo todas las respuestas sobre lo que hay que hacer cuando tus esperanzas *casi* se cumplen, pero no del todo o cuando a tus sueños los consume una decepción desgarradora, sí *tengo* un reto para ti. Cuando enfrentes uno de esos momentos casi-pero-no-del-todo o enfrentes una dolorosa decepción o una expectativa incumplida —como el ascenso laboral, la relación, la inversión exitosa, etcétera—, atrévete a hacerte estas tres preguntas:

1) ¿Qué es lo que realmente quiero? En otras palabras, ¿qué aspecto tiene el éxito para ti y qué te hace sentir? ¿Qué valoras en un mundo que dice que debes quererlo todo?

2) ¿Por qué lo quiero? En otras palabras, ¿por qué lo persigues? Considero que esta es *la pregunta más importante*, pues te dará un soporte y te ayudará a enfocarte en lo que más importa para perseguir las metas correctas *para ti*. Esto es mucho mejor que hacer algo solo porque viste a otra persona hacerlo o porque sientes que tienes algo que demostrar.

3) ¿Cómo voy a administrarlo? En otras palabras, ¿cómo atenderás, cuidarás y cultivarás la vida que tienes frente a ti, aunque una meta, un objetivo o un desenlace resulten más difíciles de lo previsto o parezcan totalmente inalcanzables?

Estas tres preguntas son esenciales frente a la decepción y las expectativas incumplidas, porque esos momentos de casi-pero-no-del-todo son a menudo las únicas oportunidades que tenemos para bajar la velocidad, hacer una pausa y reevaluar. Por supuesto, puedes meter la cabeza en la arena, seguir adelante y fingir que la decepción no te está ocurriendo. O puedes elegir con valentía aceptar la invitación de ganar perspectiva y descubrir que, en efecto, eres capaz de crear una vida que realmente y de verdad te guste, incluso en la tensión de ese tiempo intermedio. ¿Sabes por qué? Porque, como dije antes, tu vida se parece más a un jardín que cuidar que a un juego que ganar. Y solo puedes crecer donde estás plantado, no donde crees que deberías estar.

2

Saber cuándo *dejar ir* algo bueno

¿Alguna vez has tenido que decidir deshacerte de un sueño o de alguna otra cosa buena en tu vida? Yo sí y diría que es una de las decisiones más difíciles porque puede parecer contraproducente. Nos preguntamos: "Si está funcionando, ¿por qué afectarlo?", aunque en el fondo sepamos que está funcionando en ese momento, pero podría no ser lo mejor a largo plazo. Puede tratarse de una relación, un trabajo o un compromiso que parece funcionar en el momento (me hace compañía, paga las facturas, etcétera), pero que no nos satisface, no nos desafía o no sirve a nuestro propósito en el panorama general (no comparte mis valores, el trabajo me agota…).

Es posible que te encuentres en una situación en la que debas tomar una decisión difícil: ¿te aferrarás a lo que es cómodo o familiar, aunque sepas que no es adecuado para ti? ¿Lo dejarás ir, aunque al hacerlo sientas que te decepcionas o decepcionas a los demás? Esta es una decepción extraña, aunque a menudo inevitable, a la que nos enfrentamos; no es algo que surge de la nada y nos cae encima, sino una decisión consciente que debemos tomar. Contaré la historia de un sueño que tuve que apartar y cómo al hacerlo se convirtió en un momento decisivo para mí. Aunque fue difícil, creó un espacio para que Dios trabajara e hiciera algo nuevo en mi vida.

Una empresaria a la vista

Volvamos a mi último año en la universidad, cuando me aficioné a dibujar letras y empecé a vender a mis amigos y familiares algunos carteles decorativos que yo hacía en casa. Quería inspirar a la gente para que tuvieran palabras significativas en su casa, en su boda y en su oficina. El gusto por una buena historia —por las palabras alentadoras y significativas escritas con creatividad y belleza— estaba entretejido en mi ADN. De pequeña, me gustaba escribir historias cortas y notas de aliento para los amigos antes de un gran acontecimiento en su vida. De hecho, cuando conocí a Matt, mi esposo, que entonces jugaba en el equipo de fútbol americano de nuestra universidad, solía escribirle "notas de inspiración", como las llamábamos, para darle ánimo antes de los partidos importantes. Escribía mensajes motivadores, como el famoso discurso del entrenador de hockey en la película *El Milagro*, o diseñaba versículos de la Biblia con diferentes tipos de letra y colores. Cada diseño era único. A veces dibujaba el número de Matt en el centro de la página y otras veces, hacía un *collage* con fotos de partidos anteriores.

Al ver la reacción de la gente a mis diseños, Matt me sugirió que intentara abrir una tienda Etsy de comercio electrónico. Sinceramente, necesitaba una salida creativa y no me entusiasmaban demasiado las oportunidades de trabajo que me esperaban en el sector de la asistencia médica luego de graduarme. En caso de que no estés familiarizado con las tiendas Etsy y con la gestión de políticas de asistencia médica, déjame contarte: no podrían ser más opuestas. Es decir y como aclara el dicho popular, son tan diferentes como la gimnasia de la magnesia. Además, sabía que quería flexibilidad cuando tuviera a mi propia familia. Entonces pensé que iniciar con algo pequeño era buena idea. Así empezó mi primer negocio, una tienda Etsy llamada SoulScripts (Escrituras del alma).

Cuando abrí la tienda —era un armario en la sede de mi hermandad universitaria (¡en serio!)— no tenía formación en comercio o en pequeñas empresas. Crecí en un hogar con padres empresarios, así que ciertamente aprendí una o dos cosas o más durante la infancia. Pero esa era toda mi educación comercial, lo que no me pareció suficiente en aquel momento, en particular porque estaba terminando mi carrera en gestión y política sanitaria, no

en administración de empresas. Mis clases no me enseñaron nada sobre desarrollo de productos, servicio al cliente
o gastos de envío.

Durante mi último año de universidad, prácticamente
tenía que usar palillos de dientes para mantener los ojos
abiertos mientras terminaba mis tareas sobre algo que me
parecía increíblemente aburrido, como las leyes de seguro
médico. En cuanto terminaba, subía corriendo al armario
del tercer piso para trabajar en mis piezas artesanales durante toda la tarde y hasta altas horas de la noche. Mientras la mayoría de mis amigos pasaban las noches de los
jueves en el bar o en una fraternidad cercana yo volvía
a la vida al investigar cada pequeño detalle que necesitaba
saber sobre comercio electrónico, diseñaba nuevos productos, empaquetaba los pedidos y respondía correos electrónicos de mis clientes.

Un año después de la graduación, mi tienda Etsy
creció con la venta de letreros decorativos para el hogar
y bodas, tazas y mucho más... ¡El sueño de mi pequeña
empresa cobró vida! Durante los siguientes meses, empecé
a subir a las redes sociales historias personales sobre temas
que me parecían interesantes: cómo superar una negativa
imagen corporal, cómo construir relaciones y amistades;
además de fotos de los productos. SoulScripts me permitió
compartir mis historias imperfectas y palabras alentadoras
que mis seguidores leían, guardaban, compartían y com-
praban para decorar sus hogares, eventos y oficinas.

Cuanto más compartía mis historias y fotos de los productos, más mensajes de mujeres jóvenes de todo el mundo me llegaban; eran miles y miles que contaban sobre sus inseguridades, dificultades y travesías de fe.

Mientras leía cada mensaje, decidí escribir un post en las redes sociales sobre la importancia de la comunidad. En ese post, dije casualmente una frase: "Tu dolor es bienvenido aquí". Esencialmente significaba: "No estás solo" o "Estoy aquí para ti".

No le di mucha importancia hasta que mi bandeja de entrada de correo electrónico explotó con cientos de solicitudes de productos con esa frase.

En ese momento, tenía año y medio de graduada y estaba recién casada con Matt. No solo tenía una tienda, sino que también había empezado a escribir un blog con regularidad, había comenzado a publicar devocionales y viajaba a universidades de todo el país para hablar a las chicas sobre relaciones, imagen corporal y otros temas.

Mientras la tienda seguía creciendo y me llegaban peticiones de productos con esa frase ya famosa, compartí lo que estaba pasando con una querida amiga mía, Katie, que también era mi mentora. Ella era un gran apoyo y se ofreció a ayudarme a manejar mi negocio, ¡y añadir una colección de ropa a mi catálogo!

Nos sentamos a discutirlo y elaboramos un plan. Yo me enfocaría en lo que hacía mejor: el diseño, la marca, el marketing y la narrativa. Ella asumiría los aspectos para los que yo no tenía capacidad: el abastecimiento y la impresión del producto, la gestión del inventario, el cumplimiento y el servicio al cliente.

Decidimos probar y ver qué pasaba. En primer lugar, creamos dos artículos de prueba: un *jersey* de cuello redondo y una camiseta, ambos con la misma cita impresa: "Tu dolor es bienvenido aquí".

Unas semanas después, lanzamos estos productos a nuestra pequeña comunidad en línea.

Para nuestra sorpresa, se agotaron en apenas unas pocas horas. Katie y yo quedamos atónitas.

A las pocas semanas, nos volvimos a abastecer y de nuevo se agotaron en horas. Mientras veía los pedidos llegar, no podía recoger mi mandíbula del piso de lo asombrada que estaba.

¿Qué está pasando?

El revuelo en las universidades y en las redes sociales nos impulsó a pasar de Etsy a una plataforma de comercio electrónico más sólida. Eso y con la alta demanda que generó el mensaje: "Tu quebranto es bienvenido aquí", catapultó el crecimiento sin precedentes. Nuestra comunidad digital creció. Las solicitudes de más variantes del producto llenaban nuestros correos. Fue una locura.

Como era joven y tenía la misión de hacer una diferencia, con los ojos brillantes llenos de ambición y una cuenta bancaria que necesitaba fondos para ayudar a sostener mi nuevo hogar, dije que sí a casi todo lo que me pedían.

¿Quieres que vaya a dar una charla? Hecho.

¿Tienes poco presupuesto? No hay problema, ya lo resolveremos.

¿Quieres un programa sobre XYZ? Estamos en eso.

¿Quieres diez colores de cuellos redondos? Ya los tienes.

Era excitante y agotador a la vez.

Mis sueños se volvieron tan grandes y emocionantes que caí en la ilusión de que podía ser la Mujer Maravilla y alcanzarlos todos al miso tiempo. Antes de darme cuenta, me vi arrastrada en tantas direcciones que perdí de vista qué era lo importante, a qué tenía que dedicarme y hacia dónde *realmente* quería ir.

Pronto supe que el verdadero éxito y la satisfacción en nuestra vida no se obtienen diciéndole que sí a todo, sino diciendo que sí a las cosas correctas y no a las equivocadas, sintiéndonos bien con el crecimiento lento y constante.

¿Alguna vez has pasado por eso? Cuando están sucediendo cosas buenas, quieres aprovecharlas todas porque, *oye, ¿por qué perder la oportunidad?* Pero si no les ponemos reparos o si perseguimos todo con imprudente desenfreno, pronto nuestros esfuerzos pueden meternos en problemas. Cuando nos enfocamos tanto en el éxito, en engordar nuestras cuentas bancarias por miedo a no tener suficiente, o buscando la aprobación de los demás, podemos llegar a comprometernos demasiado, sentirnos saturados y totalmente confundidos. Y esas cosas son como mala hierba que ahoga el sano crecimiento en el jardín de nuestra vida.

Cuando se produce ese agobio, a veces lo más sabio es hacer una pausa, dar un paso atrás y dejar de lado algunas cosas para que lo correcto y deseado empiece a crecer.

A veces eso requiere *decidir* soltar algo incluso algo bueno.

Tomar decisiones difíciles

Aunque a muchas personas les gustaba cómo *sonaba* la frase: "Tu quebranto es bienvenido aquí", empezaron a preguntarse qué significaba realmente o cómo debían explicarla a los demás cuando les preguntaban.

Curiosamente, yo no sabía exactamente qué decir. Al fin y al cabo, no era mi intención que lograra tanto alcance cuando la escribí en redes sociales.

Sin embargo, ansiosa por dar una respuesta pública, dije algo parecido a: "Bueno, es como cuando Dios nos invita a que vengamos tal y como somos. Podemos reflejar esa invitación al mundo". Había encontrado un versículo que la respaldaba y pensé que era la mejor respuesta que podía dar. Es decir, si había un versículo de la Biblia como sustento, tenía que ser buena, ¿no? Sentí que esa respuesta era mejor, o quizá sonaba más santificada que decir lo que originalmente significaba cuando la escribí, que era: "Estoy aquí para ti y contigo en lo que sea que estés pasando".

Hasta el día de hoy, sigo sin saber por qué sentí la necesidad de desviarme de mi intención original. Supongo que pensé que el significado inicial sonaba poco convincente. O tal vez no era lo suficientemente espiritual.

En cualquier caso, en pocos meses me di cuenta de la frecuencia con la que el mensaje se malinterpretaba. A menudo veía a mujeres que compartían fotos de sí mismas con la camiseta puesta, diciendo cosas como: "¡Esta sudadera me recuerda que está bien ser un desastre porque Dios me ama de todos modos!".

Cada vez me turbaba y pensaba: *Mmm, está bien, sí, es cierto, pero además... ese no es exactamente el punto.*

Vi cómo lo que se suponía que era un mensaje alentador de superación y esperanza se perdía en la interpretación. En cambio, casi parecía que muchos lo veían como el permiso para relajarse y no esforzarse. Esto contradecía mi visión, pues para mí era un recordatorio de que, aun en épocas desafiantes, podemos encontrar apoyo, fuerza y determinación para seguir adelante, especialmente con el respaldo de la comunidad.

Aunque me preocupaba que eso no era lo que la gente parecía tomar y llevarse, la tienda estaba explotando por la cantidad de pedidos. La idea de parar un tren con tanto impulso parecía ridícula. Así que seguimos adelante. Con el tiempo, también añadimos otras ofertas al sitio web, como recursos digitales y grupos comunitarios.

Irónicamente, me di cuenta de que cuanto más hacíamos, menos paz tenía. Me di cuenta de que algo de drama burbujeaba en nuestros grupos en línea, quizá porque el mensaje para muchas personas había llegado a significar: "¡Puedo ser un desastre y no pasa nada! ¡Soy bienvenido tal y como soy!". En otras palabras, algunos interpretaron el mensaje de bienvenida y calidez como una invitación a ser groseros con los demás o conmigo. Tanto si se trataba de alguien que dejaba un comentario sarcástico o de algunos que menospreciaban a otro miembro del grupo, descubrí que la confusión provocaba que algunas personas quisieran que su mal comportamiento o su amargura fueran validados y aprobados.

No estaba bien.

Sinceramente, todo el asunto empezó a drenarme. Después de unos años, me di cuenta de que ya no me *gustaba* lo que estaba construyendo.

Alrededor de tres años después, me encontré a los veinticuatro años tratando de dirigir a un equipo cada vez mayor, mantener a miles de clientes felices, crear nuevos productos y programas y construir una marca que realmente comenzó a perder claridad. Irónicamente, por mucho que se considerara un éxito desde fuera, la confusión y el agobio que experimentaba detrás del escenario me hicieron cuestionar si realmente era un emprendimiento tan exitoso como parecía.

Es decir, seguro que a la gente le gustaban los productos y yo había aprendido a comercializarlos eficazmente a través de las redes. Pero estaba confundida, no tenía claras las respuestas a preguntas muy básicas y fundamentales como: "¿Cuál es el propósito de esta empresa más allá de inspirar a la gente? ¿A qué problema claro damos solución? ¿Qué se supone que significa este mensaje? ¿Cómo nos aseguramos de que se está comunicando de la forma más clara y coherente posible? ¿Hacia dónde estoy llevando esto?".

La confusión y la abrumadora responsabilidad empezaron a pesarme. Se me dificultaba dirigir a mi equipo, saber cuál sería el siguiente lanzamiento o cómo mantener el crecimiento.

¿Has experimentado alguna vez algo así? Ya sabes, esas veces en las que algo con lo que has soñado empieza realmente a salir bien, pero luego parece que se apodera de tu vida. ¿O cuando sientes que avanzas a toda máquina, haciendo mil malabarismos, pero sin rumbo? Esa era yo.

Empecé a darme cuenta de que es posible *parecer* exitosa y que lo estás logrando todo, cuando en realidad te sientes miserable, sin rumbo ni claridad. Si tu experiencia interna no coincide con tu apariencia externa, algo no está alineado. Hasta que no consigas alinear esas dos áreas, no importará cuánto dinero ganes, cuánta gente elogie tu trabajo o lo impresionante que parezca todo. Siempre te sentirás casi —pero no del todo— satisfecha.

Con el paso del tiempo, supe que algo debía cambiar. Así que hice lo único que sabía hacer: oré.

Oré por claridad, oré por rumbo y oré para pedir un plan paso a paso sobre cómo mejorar lo que no funcionaba para mí. Oré por salir de esa temporada del *casi éxito*.

Quería que todo eso se extendiera como una alfombra roja, para que pudiera caminar fácilmente hacia lo que se suponía que debía ser. Pero no fue lo que ocurrió.

No obtuve una declaración de misión ni una hoja de ruta hacia el éxito consistente sobre mi regazo. En cambio, sentí que debía dar un rotundo paso atrás de SoulScripts. *¿¿Qué??*

Por supuesto, parecía absurdo. ¿Por qué iba a retirarme de algo que técnicamente estaba funcionando, algo que era tan provechoso? Y si me retiraba ¿significaría que había desperdiciado todo mi esfuerzo?

Es decir, estaba tan cerca de ser algo asombroso e inspirador. Si pudiera averiguar cómo corregir los malentendidos sobre el mensaje, bajar el ritmo y enfocarme en lo que realmente disfrutaba, *podría* seguir adelante. No quería rendirme sabiendo que era *casi* como tenía que ser. Tal vez con unos pocos retoques podría mejorar, ¿no es así? Así que me resistí al empujoncito durante meses, en cambio pasé interminables horas haciendo lluvia de ideas sobre cómo corregir el rumbo, aclarar y simplificar.

Cuanto más me resistía, más sentía que la respuesta no era hacer que funcionara a la fuerza. Necesitaba cerrar las puertas de SoulScripts, al menos durante una temporada, para crear espacio y encontrar la claridad que buscaba para mi carrera. Todo había sucedido tan rápido que no había tenido oportunidad de recobrar el aliento. Tal vez al apartarme, podría hacerlo. Si esa claridad y dirección incluiría o no a SoulScripts era algo de lo que no estaba segura en ese momento. Solo sabía que necesitaba abrir las manos, soltar y confiar en que Dios tuviera un plan.

Unos seis meses después de esa oración inicial, finalmente le dije a mi pequeño equipo que sentía que necesitábamos cerrar las puertas de la tienda y de todo lo que SoulScripts involucraba y que no sabía si sería permanente o temporal. Todo lo que sabía era que no podíamos considerar la reapertura a menos que tuviera clara la dirección a tomar y pudiera dirigirla a un ritmo más sostenido.

Sorprendentemente, lo entendieron e incluso me apoyaron en la decisión. Así que trazamos un plan y unos meses más tarde, en agosto de 2019, poco más de cuatro años después de abrir las puertas de lo que empezó como una pequeña tienda Etsy, hicimos una liquidación de almacén durante una semana y luego cerramos las puertas hasta nuevo aviso.

Fue una de las decisiones más duras y, al mismo tiempo, más liberadoras que había tomado al momento.

Digo *liberadora* porque, por mucho que odiara hacerlo, fue como si pudiera respirar por primera vez en años. Por extraño que parezca, creo que esa difícil decisión y la temporada de vacas flacas que le siguió, me condujeron a un éxito que nunca hubiera imaginado. Quizás olvidarse de un sueño o deshacerse de algo bueno, aunque pueda parecer contraproducente, tiene el poder de abrir espacio para algo mejor.

Cómo dejar ir un sueño

Dime si esto te suena familiar: hay algo en tu vida que necesitas soltar, pero sigues aferrada, aunque sea por un hilo. Esperas el desenlace o el plan perfecto antes de dar el salto. Quieres tener la seguridad de que estás tomando la decisión correcta y de que todo funcionará suavemente cuando sueltes.

Quizás empiezas a darte cuenta de que la relación que una vez pensaste que te llevaría a dar el "sí, quiero" no es la adecuada para ti, o quizás el trabajo soñado para el que pasaste años estudiando ya no te parece lo mejor. Sabes que puede ser el momento de probar algo nuevo, pero sigues avanzando por el mismo camino en el que estabas porque te sientes culpable de renunciar a un sueño. Lo entiendo, es difícil renunciar a algo, especialmente algo bueno. No quieres renunciar a aquello en lo que has invertido tu tiempo, tu corazón, sangre, sudor y lágrimas. Si lo dejas, sentirás que todo ha sido en vano. La idea de dejarlo cuando no ha estado a la altura de tus esperanzas, o porque no es saludable para ti, puede hacerte sentir que estás renunciando. Puede parecer que *casi* lograste lo que te proponías... pero no realmente.

Las grandes decisiones pueden ser *difíciles*. Que sea la decisión correcta no significa que vaya a ser fácil. Estoy llegando a la conclusión de que la clave del éxito verdadero y duradero empieza por dejar de lado lo que no es correcto —al menos no lo es por ahora—, aunque sea muy difícil.

Si te encuentras en una situación como esa, quiero darte algunos pasos útiles cuando se trata de dejar de soñar con algo para hacer espacio a lo nuevo que Dios hará.

Paso 1:
Identifica lo que más importa y por qué

"No te conformes con lo que funciona, apunta a lo que perdura". Esto es algo que mi amigo Bob Goff dijo recientemente cuando lo tuve como invitado en mi pódcast. Así que, amigo, te transmito esta lección.

Esto es simple, pero tan difícil para muchos de nosotros. Es difícil para mí. Como dije, no tomé la decisión de dejar mi primer negocio de la noche a la mañana, en particular porque no sabía si iba a ponerlo en marcha de nuevo. Luché con ello durante mucho tiempo. Y estoy segura de que tú puedes estar en una situación similar en busca de lo duradero.

Sin embargo, cuando nos enfrentamos a la desilusión de que un sueño no sea lo que pensábamos, o vivimos el agobio que viene con forzar algo, lo más importante es dar un paso atrás y evaluar: "¿Qué es lo que más cuenta en esta situación? ¿Qué es lo determinante para mí? ¿Qué valoro más?".

En mi caso, cuando se trataba de SoulScripts, respondí: "Claridad y sostenibilidad". Aunque los beneficios y la popularidad eran cosas buenas, sabía que no eran lo que más contaba para mí. Lo más importante era tener un rumbo y una misión clara que pudiéramos administrar y sostener.

Tu respuesta puede ser diferente. Por ejemplo, te sientes indecisa por el chico con el que llevas años de noviazgo. Aunque deseas casarte más que nada en el mundo, puedes pensar que lo más importante en una relación —lo que más valoras— es una fe compartida. Puedes pensar que una fe compartida es más importante que el compañerismo o una cara bonita. Cuando te preguntas por qué es lo más importante, tu respuesta puede ser que la fe en Dios y la forma de criar a tu futura familia es una prioridad y sabes que tú y tu pareja actual no están en la misma página al respecto. Esa puede ser la señal que te impulse a considerar dejar algo bueno.

O bien, si estás pensando en apartarte de tu actual trayectoria profesional, puedes decidir que lo que más importa en tu trabajo es la flexibilidad. Digamos que la carrera que pensabas que querías y en la que quizá has estado trabajando, no permite la flexibilidad que recientemente valoras o que necesitas para tu familia. Cuando emprendiste este camino por primera vez hace algunos años, no tenías familia, por lo que no era una prioridad. Ahora, es una prioridad absoluta y te ha quedado claro que ya no quieres seguir por ese camino.

Independientemente de cómo se vea esto para ti, aclarar lo que más importa y lo que realmente valoras es vital para tomar con confianza una sabia decisión.

Atrévete a creer la verdad de que cuando sueltas o eliminas algo que ocupa cierta área, liberas espacio para que crezcan cosas nuevas —y nuevos sueños— en ti y en tu vida. El primer paso para desprenderse de algo bueno es reconocer que aspirar a la excelencia a menudo comienza identificando cosas desalineadas con lo que más te importa, con lo que será duradero.

Paso 2:
Evalúa y busca consejo

Antes de tomar una decisión precipitada cuando te sientes abrumado o emocionado, considera a quién puedes pedirle sabio consejo y opinión. Ya sea que ores y pidas a Dios que te guíe, que consultes a mentores de confianza, que te reúnas con tu círculo íntimo —cónyuge, mejor amigo, etcétera— o todo lo anterior, tómate el tiempo que necesites para discernir y discutir la decisión que estás considerando.

Descubrí que es útil poner algunos límites a esto, en cuanto a la cantidad de tiempo para tomar la decisión (por ejemplo, noventa días) o la cantidad de conversaciones antes de actuar (por ejemplo, no más de cinco o diez). Esto me evita fastidiar hasta volver locos todos los que tienen que ver con mi vida, o quedarme estancada en un paso que debo dar.

Por ejemplo, cuando estaba decidiendo cerrar Soul-Scripts, pedí consejo a algunos mentores de confianza.

En esas conversaciones, les expliqué lo que parecía andar bien, lo que no andaba bien y cómo me sentía. Además, pude admitir que me preocupaba renunciar en lugar de perseverar y no estaba segura de cómo saber si sería sensato desprenderme de la empresa. Con el contexto de todo lo que estaba pasando y cuál era mi situación personal como líder y como individuo, mis consejeros fueron capaces de guiarme y asesorarme. Esto me dio la confianza de que salirme no era una decisión perezosa, sino que era una decisión saludable y necesaria.

Paso 3:
Poner más de lo que te gusta en tu plato

Una de las partes más difíciles para dejar de soñar con algo es la sensación de lo desconocido. Nos hacemos preguntas como: "¿Y si la ruptura acaba siendo una mala decisión? ¿Y si me arrepiento o lo echo de menos? ¿Qué haré con el tiempo o el espacio que se abra cuando esta persona ya no sea parte de mi vida?".

Los interminables "y si…" pueden llevarnos a la parálisis por análisis. Por supuesto, no hay forma de predecir el futuro ni de garantizar que nos sentiremos completamente felices con nuestra decisión. Sin embargo, podemos ser intencionales en elaborar un plan para tener una hoja de ruta que seguir. Esto nos permite avanzar y asumir la decisión con confianza.

Por ejemplo, cuando tomé la decisión de soltar Soul-Scripts había muchas cosas que no sabía: no sabía si mi comunidad en línea me apoyaría o se enojaría. No sabía si iba a cerrar durante un mes, un año, diez años o para siempre. No sabía si extrañaría mi emprendimiento. Todo lo que sabía era que debía dejarla ir si alguna vez deseaba ver lo que Dios tenía reservado para mí.

Con todas las incógnitas, lo único que me dio paz —¡y me dio la confianza para seguir adelante!— fue hacer un plan de acción para saber: 1) cómo atravesar el camino al que me llevaba esa decisión; 2) cómo seguir adelante después.

Cuando llegó el momento de llevar a cabo la decisión, mi pequeño equipo y yo decidimos que cerraríamos la tienda con una liquidación de almacén. Luego, decidimos las fechas de esa venta —más o menos con tres meses de anticipación— y establecimos un calendario con tareas y puntos a resolver para prepararnos. Por ejemplo, hicimos el inventario de lo restante, reunimos fotos de los artículos, fijamos descuentos, planeamos un anuncio para las redes sociales y mucho más.

Ya con el plan listo, también me tomé un tiempo para aclarar cómo administrar el espacio que quedaría libre en mi calendario cuando la tienda estuviera cerrada. Planeé dedicarme a otros compromisos como escribir el libro que había empezado, pero que me costaba terminar porque había estado demasiado ocupada para dedicarle toda mi atención.

Cuando te planteas dejar de soñar con algo bueno, el espacio vacío puede resultar intimidante y abrumador. Aunque no tengas un nuevo novio, el trabajo de tus sueños o una nueva oportunidad en el momento que decidas soltar lo que sea que estés planeando dejar, trata de pensar en el futuro y considera cómo podrías administrar el espacio que se abrirá en tu vida.

¿Hay algo que siempre quisiste hacer, pero nunca tuviste tiempo, como escribir un libro, entrenar para una maratón, volver a tapizar unos muebles o aprender a tocar un instrumento? Quizá liberar espacio en tu vida te deje sitio y margen para hacer algo que siempre has querido realizar. Cuando te enfrentes a la decisión de dejar ir un sueño o de desistir de algo bueno, también intenta hacer una de las cosas que siempre has querido: establece un plan para tomar clases de piano, inscríbete a un club de corredores o regresa a estudiar. Así tendrás algo en qué enfocarte cuando te alejes de ese trabajo agotador, de la relación nociva, de la casa de tus sueños que se ha convertido en un pozo sin fondo de gastos, o de lo que sea que necesites soltar.

Puede que eso no resuelva los sentimientos incómodos respecto a lo desconocido, pero te puede dar tranquilidad saber que tendrás en qué ocuparte después de dejar ir algo.

Estas son solo algunas consideraciones clave cuando se trata de dejar de soñar o soltar algo bueno, sobre todo cuando parece que casi estás donde querías estar. No puedo decirte que será fácil. Pero si lo que estás haciendo, lo que te ocupa y a lo que dedicas tu esfuerzo no encaja con lo que es más importante para ti, sí te puedo decir que cualquiera que sea tu decisión, hay un camino por delante. Y viendo hacia atrás, puedo decir con confianza que *hay* algo hermoso y *aun mejor* del otro lado, aunque todavía no puedas verlo.

3

Soñar de nuevo

Solo voy a decirlo: las voces desconocidas de la sabiduría popular tenían razón. Bueno, tenían razón en gran *parte*. Dicen que cuando tienes a tu bebé por primera vez en tus brazos, todo tu mundo cambia.

Aunque es absolutamente cierto, creo que ocurre mucho antes de ese momento. Cuando orinas sobre una varilla de plástico y confirmas que hay una pequeña vida creciendo dentro de ti, todo tu mundo cambia en ese momento. Al menos, eso ocurrió conmigo.

Era una mañana nevada de diciembre de 2019 cuando se me llenaron los ojos de lágrimas y me quedé mirando incrédula un test de embarazo positivo.

—¿HABLAS EN SERIO? —me repetía en voz alta como si alguien me estuviera haciendo una broma, aunque estaba sola en el baño. Se sentía tan surreal. Me hice otra prueba para estar segura. (¡Sé que no soy la única que lo ha hecho!). También fue positiva.

Decidí que encontraría una forma especial de decírselo a Matt y escondí rápidamente la caja en la que venían las pruebas para que no la encontrara. ¡Era nuestro primer bebé y quería ir por todo lo alto!

Intenté actuar con normalidad y lo único que notó fue mi casual decisión de hacer jugo de remolacha esa mañana. Literalmente, nunca había hecho jugo de remolacha en mi vida. Ni siquiera me gusta la remolacha, a menos que esté ahogada en tanta salsa o queso de cabra que su sabor a tierra ya no se distinga. Pero en el instante en que me enteré de que en mi cuerpo crecía otro ser humano, decidí que me aguantaría porque las remolachas son saludables y, por lo tanto, deduje, yo también lo estaría.

Cuando Matt entró en la cocina y me vio haciendo jugo con dos enormes remolachas como si fuera parte de mi rutina de los martes por la mañana, me miró algo raro.

—¿Qué estás haciendo?

—¡Solo un poco de jugo de remolacha! —dije con seguridad.

—Eh, está bien —respondió con una mirada perpleja.

Se dirigió a la otra habitación para recoger sus cosas antes de salir a trabajar y dejé escapar un suspiro de alivio, agradeciendo que no insistiera más en el tema.

Solo deja a la mujer hacer su jugo de remolacha, ¿te parece?

Después de terminar mi jugo, fui a Target con la misión de encontrar algo especial para decírselo. Más tarde, ese mismo día, lo llamé a la sala y le dije que tenía un regalo anticipado de Navidad para él mientras le entregaba una caja con un hermoso lazo.

Se le iluminó la cara al abrir la caja y encontrar la prueba positiva de esa mañana:

—¿Hablas en serio? —preguntó con la boca abierta.

"¿Hablas en serio?", supongo que es la respuesta más adecuada a un milagro como ese. Pasamos el resto de la noche celebrando, calculando la fecha del nacimiento y soñando sobre cómo le contaríamos a nuestras familias la gran noticia.

Cuando nos fuimos a la cama esa noche, me acurruqué junto a Matt y le dije:

—Dios, este parece el año perfecto. Con todo lo que hemos podido lograr profesionalmente, ¿y ahora terminamos el 2019 con esta noticia? Estoy tan, tan agradecida.

—Yo también —respondió apretándome fuerte—. Estoy en la luna.

Cuando tus expectativas quedan truncadas

Unas semanas después, disfrutamos de un gran almuerzo de vísperas de Navidad con la familia de Matt en Arizona. Mi suegro pasó los panecillos y, como hacía poco que les habíamos dado la gran noticia, hablamos del bebé y de todo lo que el año nuevo nos traería.

A mitad de la comida, me levanté para ir al baño y noté un ligero sangrado.

¡No, no, no! ¡Esto no puede estar pasando!, pensé.

Sabía que el primer trimestre suele considerarse el más arriesgado del embarazo, pero ni por un segundo había pensado que algo fuera a salir mal.

Volví a ver para comprobar que mi mente no me estaba jugando una mala broma. Pues, no. Sentí un vacío en el estómago, el corazón se me encogió y sentí un nudo en la garganta. El miedo me envolvió y llamé a Matt.

Unos segundos después, tocó a la puerta:

—¿Todo bien?

Abrí la puerta, con lágrimas en los ojos le mostré lo que había visto y le dije que quería ir a emergencias para que me hicieran un ultrasonido.

La sala de emergencia del hospital era el *último* lugar donde quería pasar la víspera de Navidad, pero como estábamos de visita fuera de la ciudad y no tenía posibilidad de ir a mi médico, era la única opción.

Matt se lo contó a su familia, yo cogí mis cosas, dejamos la comida a medias en la mesa y todos salimos corriendo.

Cuando llegamos al hospital, anotaron mis datos y rápidamente me llevaron a una habitación. Cambié mi elegante traje negro por una de esas horribles batas que, no importa qué tan bien te la amarres, siempre queda la sensación de que aturdes a todos los que pasan.

Minutos después, entró una enfermera, me tomó los signos vitales y me hizo varias preguntas.

Poco después de salir, entró una doctora y se presentó. Luego dijo que el técnico del ultrasonido llegaría pronto y que revisaríamos juntos los resultados.

Matt y yo nos miramos, sintiendo la mayor impotencia que habíamos experimentado en mucho tiempo. Los dos somos resueltos, prácticos para solucionar y hacer que las cosas sucedan. ¿Pero *esto*? Esto no era algo en lo que pudiéramos trabajar, soñar o planear. Era lo que era... y ambos sabíamos que no había nada que pudiéramos hacer ante lo que íbamos a descubrir.

Unos minutos después, un hombre entró en la habitación. No un hombre cualquiera. Un hombre malhumorado y aterrador. Se presentó como Fred y dijo que me haría un ultrasonido interno, un procedimiento bastante invasivo incluso en las circunstancias más favorables.

Feliz Navidad para mí.

Me empujó hacia atrás, Matt se puso a mi lado y comenzó la ecografía. El corazón se me salía del pecho. Cogí la mano de Matt y la apreté con fuerza. Segundos después, Fred señaló un pequeño parpadeo en la pantalla.

—¿Ven eso? Es el latido del corazón.

¿El latido del corazón? ¡Oh, gracias a Dios!

Miré la pantalla, eché la cabeza hacia atrás, aflojé un poco mi presión sobre la mano de Matt y respiré aliviada. Pero ese alivio rápidamente se convirtió en confusión. Intentando encajar las piezas en mi cabeza, me volví hacia Matt y le dije:

—Espera... entonces... ¿qué está pasando?

Antes de que Matt pudiera decir algo, Fred habló:

—Bueno, todavía podría estar sufriendo una pérdida —dijo. Así de fácil.

¿Qué carajo? Gracias por tranquilizarme, Fred. No creo que sea buen trabajo —o que sea muy considerado— compartir como si nada ese tipo de información con una aterrada madre primeriza.

Esperamos unos treinta minutos después de la ecografía hasta que llegó la doctora para hacer un examen pélvico. Poco después, la enfermera entró con los informes radiológicos. La doctora se quitó los lentes de la parte superior de la cabeza y los apoyó en su nariz para examinar los papeles.

—Ah ya veo —dijo mientras explicaba que se trataba de un pequeño coágulo, algo como una minipiscina de sangre, que puede formarse cuando el embrión se está implantando en la pared uterina (un hematoma)—. Con tal de que no sea demasiado grande, sana al reabsorberse sin afectar el embarazo. Si es demasiado grande o no se reabsorbe, puede provocar una pérdida.

—¿Entonces qué tamaño tiene? ¿Qué hago ahora? —pregunté agitada.

Por alguna razón, no pudo decirme el tamaño. Fred no lo midió cuando hizo el ultrasonido. Era un verdadero encanto trabajar con él, el bueno de Fred (espero que se den cuenta de mi sarcasmo). De todos modos, su única recomendación fue que nos tomáramos las cosas con calma, que hiciera un ligero reposo en cama durante unas semanas, esperando que sanara. También nos sugirió que compráramos unas toallas sanitarias femeninas.

De vuelta al hotel, llamé a mi madre para ponerla al día y Matt se estacionó en un Walgreens. Como yo estaba hablando por teléfono, no me interrumpió para preguntarme qué quería comprar. Simplemente entró a la tienda y salió cinco minutos después con una bolsa.

No pensé mucho en el hecho de no haberle dado instrucciones sobre qué toallas femeninas comprar hasta que volvimos al hotel y abrí la bolsa para ver que había comprado unas enormes, como las de los pañales para la *incontinencia*.

Bueno, lo intentó.

Era tarde en vísperas de Navidad y estábamos muy sentimentales así que no quise mandarlo de nuevo a la farmacia. Me puse el pañal, mi pijama y me fui a la cama con la pizca de dignidad que me quedaba.

A la tarde siguiente, me metí como pude en unos pantalones deportivos para visitar a la familia durante unas horas. En cuanto entré por la puerta y vi a todos pasándola bien, rompí a llorar. No pude evitarlo.

Culpa de las hormonas, o tal vez de las hormonas y el miedo juntos, pero nada me hacía sentir bien y mi ilusión sobre cómo serían esas fiestas se fue como si me hubieran quitado una alfombra debajo de los pies. En lugar de mirar con gozo el futuro y de celebrar como pensaba que lo haríamos, sentía que caminaba sobre agujas y alfileres, luchando por seguir optimista ante un diagnóstico tan incierto.

Es una locura cómo la vida puede hacerte algo así. Puedes estar un día en el colmo de la dicha, con toda tu familia celebrando contigo un sueño hecho realidad y estar al día siguiente hundida, caminando con cuidado de puntillas, sabiendo que hay una gran posibilidad de perder ese sueño, esperando lo mejor, pero preparándote para lo peor.

Seguro que has estado sentada en el carrito de una montaña rusa como esa por alguna razón. Justo cuando parece que aquello con lo que soñabas *casi* se hace realidad, algo surge de la nada y te derriba. De repente, lo que creías tener pende de un hilo, amenazado por la enfermedad, la tensión económica o algún otro reto inesperado. Y en ese momento, justo cuando necesitas armarte de valor para creer que las cosas se van a solucionar, la realidad se impone, la espera de una respuesta parece interminable y aferrarse a la esperanza parece una necedad.

De todos modos, con cauteloso optimismo, pasamos la semana siguiente orando sin cesar, pidiendo a los amigos que oraran y aferrándonos a la fe de que todo estaría bien.

Todo NO está bien

El día siguiente que regresamos de nuestro viaje, tenía la cita para un ultrasonido con mi médico.

—¿Crees que todo va a ir bien? —pregunté a Matt con nerviosismo mientras esperábamos en el vestíbulo, como si él pudiera ver el futuro y supiera algo que yo no sabía.

—Sí, lo creo —dijo con seguridad—. Todo saldrá bien.

No estoy segura de si lo creía o si intentaba ayudarme para que me sintiera mejor, pero traté con todas mis fuerzas de creerle. Minutos después, una enfermera nos llamó y mi corazón empezó a acelerarse.

Matt se puso a mi lado mientras el técnico realizaba el ultrasonido y yo miraba las placas del cielo falso, rogando a Dios en silencio que todo estuviera bien. Pasaron uno o dos minutos y ella se inclinó para ver la pantalla más de cerca, aunque siguió sin decir nada. Matt también entrecerró los ojos para intentar ver alguna señal de vida.

Ninguno de los dos parecía muy seguro, entonces supe que algo andaba mal.

La especialista respiró profundo y dijo:

—Lo siento, no veo ningún latido.

Se me partió el corazón mientras apretaba la mano de Matt y trataba de reprimir el grito que quería soltar. Nos miramos el uno al otro, sintiéndonos tan sorprendidos como impotentes.

Esto no puede estar pasando.

La médica entró y me explicó mis opciones, todas ellas igual de terribles y luego salió de la habitación para darnos un momento. Me levanté y caí al suelo llorando. Sentía como si me hubieran dado un puñetazo en el estómago. Matt se arrodilló a mi lado, me abrazó, me atrajo hacia su pecho y repetía:

—Lo siento tanto, tanto, cariño.

—¡No, lo siento yo! —dije entre lágrimas.

Al salir, la doctora me miró con empatía y me dio una tarjeta con su número telefónico personal por si teníamos alguna pregunta. Subí al auto incrédula, deseando despertar y hacer que todo desapareciera. Era como un sueño casi hecho realidad, lo que prácticamente es una pesadilla.

Este tipo de cosas le ocurren a otras personas, pensé. *Nunca imaginé que me sucedería a mí.*

Cuando llegamos a casa, subimos al cuarto y nos acostamos juntos un rato. Miré hacia el techo y grité:

—¡¿QUÉ CARAJO, DIOS?!

Fue como mi versión moderna de Jordan, del Salmo 22:2: "Cada día clamo a ti, mi Dios, pero no respondes; cada noche oyes mi voz, pero no encuentro alivio". Suena distinto, pero creo que el corazón de la pregunta proviene del mismo lugar de dolor, confusión y desesperación. ¿Para qué tantas oraciones si todas quedaron sin respuesta?

Envié un mensaje de texto a mi mamá y a algunos amigos cercanos que habían estado orando, para comunicarles lo sucedido.

Enseguida empecé a pensar en todas las cosas que pude haber hecho para provocar la pérdida.

¿Fue el vino que tomé en Acción de Gracias antes de saber que estaba embarazada?

¿Cuando salté con mi mamá después de contarle la gran noticia?

¿El sushi que comí la semana en que el bebé fue concebido?

No sabía que la culpa de una madre podía ser tan real, incluso, antes de experimentar a plenitud la maternidad.

Revisé cada paso que recordaba de las ocho semanas anteriores e intenté, con todas mis fuerzas, precisar exactamente por qué había sucedido, buscando una respuesta que en realidad nunca encontraría.

Entonces, allí tumbada, sintiendo lástima por mí misma, empecé a sentir *rabia* hacia todas mis amigas que tenían embarazos perfectos y bebés hermosos. Cuando me enviaban mensajes de condolencias, tenía que luchar contra un impulso de indignación. *Bah. Como si entendieran.*

Odiaba incluso pensar tales cosas, pero estoy aquí para ser honesta, no para hacerme ver mejor de lo que soy.

Además de sentirme devastadoramente triste y defraudada, también me sentía increíblemente boba. *¡¿Por qué me hice ilusiones?! ¡¿Por qué ilusioné tanto a nuestras familias y me esforcé tanto en darles la noticia con regalos especiales?!*

¡Todo fue por nada y ahora ellos también se sienten defraudados!

Era casi como si me sintiera culpable por haber ilusionado a mi familia con el primer nieto que tendrían en sus brazos, sobre todo, porque mi marido y yo somos los hijos mayores y, durante los tres primeros años de nuestro matrimonio, la única pregunta de todo el mundo era: ¿Y los bebés cuándo vienen?.

Más que nada, sentí que me acababan de arrancar el sueño de toda mi vida, lo cual se añadía a los temores que naturalmente sentía por la maternidad. ¡No imaginaba que empezara de manera tan terrible!

Al final del largo y doloroso proceso físico de la pérdida, también empecé a sentirme *defectuosa*, especialmente al compararme con las amigas de mi círculo que eran madres y nunca habían pasado por algo así. Comparada con ellas, parecía que yo había fallado.

En otras palabras, había convertido inconscientemente algo tan sagrado como la maternidad en *algo que tenía que lograr* o demostrar que era capaz de hacer. Me di cuenta de que, a diferencia de muchas otras cosas por las que había trabajado en mi vida, la maternidad no es algo que pueda lograr al planificarlo bien.

Estoy segura de que tú también te has sentido como un fracaso en algún aspecto. Tal vez como madre, esposa, amiga, consejera, empresaria, empleada, o en cualquier papel de tu vida. Tanto si has fracasado como si no, tal vez hayas experimentado la incomodidad que producen los planes fallidos y la tristeza al ver la imagen destrozada de cómo se suponía que debían avanzar tus esperanzas y sueños. O cuando ves que gente cercana realiza un sueño, te habrás sentido desgarrada en ese aspecto.

Desafortunadamente, tendemos a vincular nuestra identidad a nuestras circunstancias o experiencias. Al menos, yo lo hice. Aunque la mayoría de los sueños destrozados, sobre todo las pérdidas, los duelos y otros eventos que te rompen el corazón están fuera de nuestro control, es como si algo dentro de nosotros no tuviera otra opción que considerar los planes inconclusos o fracasados como una falla nuestra.

Entonces debemos cambiar nuestra perspectiva. En ese momento es cuando creo que todos podemos aplicar el consejo de mi mamá. Permíteme explicarte...

No es una prueba

Aunque muchos aspectos profundos del duelo van más allá del sentimiento de fracaso o decepción que implica una pérdida, este no es un libro sobre el duelo o la pérdida. Así que, aunque no hay comparación entre el dolor de una pérdida y otros sentimientos de fracaso o decepciones, quiero enfocarme en cómo tratar el sentimiento de fracaso que puede aparecer cuando algo sale mal, especialmente cuando nada de esto es nuestra culpa.

La mayoría de nosotros hemos tenido que luchar contra la rabia, la pena, la comparación y la confusión para llegar finalmente a la aceptación y a una posición de superación, cuando algo sale tan mal que nos rompe el corazón y nos hace cuestionar todo lo que creíamos.

Yo sin duda tuve que hacerlo ante este dolor, el más profundo que había sentido en mi vida. Cuando pasé por esa pérdida, mi madre vino a la ciudad por unos días para ayudarme con la comida y estar conmigo. Hizo la limpieza y me hizo las compras, se sentó a mi lado, lloró conmigo y cepilló el nido de ratas en el que se había convertido mi enredado cabello. *Bendita sea.*

Al cabo de unos días y con algunos empujoncitos a la antigua usanza materna, me ayudó a expresar lo que pensaba y sentía. No sabía qué responder, pero le confesé que no podía dejar de pensar que había defraudado a toda la familia y que no podía superar la sensación de haber fallado.

Me atrajo hacia ella con cariño y me abrazó. Entonces me dijo algo que se me quedó grabado desde entonces:

—Oh, cariño, pero no has defraudado a nadie. No has fallado. ¿Quieres saber por qué?

—¿Por qué? —pregunté limpiándome los mocos.

—Porque no era un examen —dejó que esas palabras calaran por un momento antes de seguir—. Cuando se trata de cosas sagradas como esta, no puedes aprobar o desaprobar, porque no es una prueba. No te van a dar una medalla de oro si sale como esperas y no te van a descalificar si no sale exactamente como las habías planeado. Si así fuera, *todas* las madres serían consideradas un fracaso, aunque tuvieran embarazos perfectos y dieran a luz a bebés maravillosamente sanos. Y ese no es el caso. —Y continuó—. Creo que el verdadero éxito no se mide por los resultados perfectos o por lo bien que van las cosas. El éxito de una madre es lo bien que ama. El verdadero éxito *en cualquier cosa* se reduce a cómo amamos. Y tú, cariño, le has dado tanto amor a tu primer bebé. Eso te convierte en una increíble madre.

¡A llorar se ha dicho! Ella tenía razón. Cuando se trata de nuestros sueños más grandes: ser madre, desarrollar una empresa o rescatar a niños abusados, *no hablamos de una prueba*.

Es una *travesía*. Es un *llamado*.

Una sola experiencia a lo largo del camino —ya sea que se desvíe totalmente, nos rompa el corazón o termine con el resultado que queríamos en el primer intento— no es el factor definitivo. La verdadera medida de nuestro éxito es lo bien que amamos mientras lo construimos.

Y me atrevo a creer que una vida exitosa tiene *menos* que ver con lograr grandes sueños y *más* que ver con cómo amamos y seguimos amando —y luchando y soñando— aun cuando esos sueños se derrumban.

Mira, sé que cuando algo bueno se desvía —algo que *se suponía* que iba a ser hermoso, asombroso e increíble— puede ser muy natural enfocarnos en analizar la forma en que supuestamente hemos fallado o incluso defraudado a otros. También sé que la decepción, la angustia y los sentimientos de fracaso total y absoluto no son solo míos o de esta circunstancia. No es una experiencia aislada ya que esos sentimientos surgen en innumerables situaciones.

Esto significa que, independientemente de lo grandes que sean nuestros sueños o del empuje y la disciplina que tengamos, no somos inmunes a las dificultades, los obstáculos y los retos en el camino hacia lo que estamos construyendo, ya sea una familia, un hogar, un negocio, un cuerpo más sano, un matrimonio más fuerte, un currículum o lo que sea. Aunque las circunstancias varían, nuestros planes, esperanzas y aspiraciones inevitablemente se *estropearán* de alguna manera, en algún momento, porque vivimos en un mundo fracturado. Y las fracturas duelen. Algunas dolerán más que otras, como en el caso de una profunda pérdida.

¿La buena noticia? La maternidad, la familia e incluso nuestros sueños más grandes y salvajes, aunque son cosas que hay que administrar con excelencia, *no son* una simple prueba. En todo caso, cuando las cosas no salen según el plan, estamos invitados a acercarnos a lo que más nos importa, hacer un profundo análisis para descubrir quiénes somos, levantarnos y, sin pedir disculpas, seguir en la búsqueda, hasta lograr aquellos que estamos llamados a hacer, aun cuando solo podemos dar un pequeño paso a la vez.

Los primeros pasos hacia adelante

Desde que tengo uso de razón, el trabajo me motiva. Me impulsa. Hacer algo que me gusta me saca de la cama y me prepara para afrontar el día cada mañana. ¡Es fantástico! Creo de todo corazón en la importancia de sentirse realizado con el trabajo.

Sin embargo, los logros me impulsaron durante un tiempo hasta que no fueron suficientes, hasta que el peso del dolor superó la satisfacción del trabajo y el compromiso con mis aspiraciones profesionales.

Pasaron casi dos semanas después de mi pérdida y los días parecían borrosos. No estaba segura de cómo volver a funcionar con normalidad. Sabía que en algún momento tendría que volver a retomar mi ritmo... pero *¿cómo?*

Parecía tan difícil priorizar mis compromisos como antes. A la luz de lo que acababa de vivir, el trabajo me parecía tremendamente insignificante.

Tampoco quería volver al trabajo solo para distraerme de lograr la sanidad emocional y física que exigía mi atención. Ya lo había hecho antes: había evitado crear un espacio para las cosas y los sentimientos sagrados, difíciles y desordenados de la vida corriendo más rápido, buscando más quehaceres y anestesiándome con logros sobre los que sí tenía el control. Pero esta vez no. No era una opción viable, ni tenía la motivación para hacerlo.

Aunque necesitaba el espacio y el tiempo, también sabía que debía dar algunos pasos hacia adelante, de alguna manera. Pronto me di cuenta de que no tenía ni idea de por dónde empezar. ¿Qué es lo primero que se hace después de un golpe así? ¿Cómo vuelves a vivir y encontrarle gusto a tu vida?

Descubrí que deberíamos rehacer todos los planes que habíamos hecho para el año y desprogramar la licencia por maternidad. Me pregunté: "¿Cómo puedo volver a la normalidad? ¿Es posible hacer como si no hubiera pasado nada? ¿Cómo me levanto y doy lo mejor de mí cuando todo me parece sin importancia comparado con lo que he perdido?".

Compartí esta lucha con algunas mujeres de confianza y me di cuenta de que mi pregunta esencialmente era: "¿Cómo avanzo, sobre todo si tengo que hacerlo en una dirección hacia la cual nunca quise ir?".

Mis amigos me motivaron a reflexionar sobre esa interrogante para encontrar posibilidades, así que decidí empezar con un pequeño paso a la vez. No necesitaba lanzarme de nuevo a perseguir todos los sueños profesionales que este gran trastorno había puesto en pausa. Seguir como siempre no me parecía lógico ni saludable.

Pero tampoco quería quedarme sentada revolcándome en mi dolor durante semanas. Así que decidí intentar algo mientras me levantaba poco a poco. Decidí hacer algo normal al día.

Algo normal al día.

Pensar en volver a la vida poco a poco hizo que dar pasos en la dirección adecuada pareciera llevadero en lugar de abrumador.

Primero, hice una lista de algunas tareas cotidianas que debía hacer y asigné una para cada día de los cinco por delante. Mi listado Algo normal al día se parecía un poco a esto:

Lunes: dar un largo paseo.

Martes: hacer la compra en el supermercado.

Miércoles: responder a los correos electrónicos de negocios.

Jueves: ir a cenar con un amigo.

Viernes: organizar la despensa.

Me animó ver una semana programada con pequeños pasos para volver a la rutina y llena de sencillas actividades. Por trivial que parezca, a los pocos días de hacerlo, me di cuenta de que estaba entusiasmada por hacer otras cosas normales.

Para el viernes o el sábado, me sentía mucho más comprometida con mi vida, así que añadí algunas cosas más. Por ejemplo, el viernes también conseguí lavar la ropa por la tarde y hacer algunas modificaciones en un proyecto en el que había empezado a trabajar antes de las vacaciones.

Como persona que solía atiborrar mis días de cosas por hacer, fue un poco extraño empezar con pasos tan pequeños. Pero al hacerlo, me sentí de nuevo empoderada y capaz. Empezar con algo tan pequeño y normal como dar un largo paseo cuando no tenía ni ganas de levantarme del sofá me ayudó, poco a poco, a sentirme yo misma de nuevo. En muchos sentidos, la experiencia me cambió. Y aunque la tristeza no desapareció por arte de magia, sí descubrí que había recuperado algo de mis ganas de vivir.

Ese experimento me enseñó que cuando me siento estancada, hay mucho poder en dar pasos pequeñitos. Un pequeño progreso siempre es mejor que ningún progreso. Empezar poco a poco siempre es mejor que nunca empezar.

Esto se aplica a todo en la vida, no solo al proceso de superar un gran golpe que te rompe el corazón.

Si has pasado por algo difícil y ves que te cuesta encontrar la motivación para seguir adelante, date el permiso de tomarte tu tiempo. Luego, empieza a dar pequeños pasos, aunque sean tan pequeños que parezcan una tontería. Si lo haces, con el tiempo estarás soñando y viviendo de verdad otra vez.

No vuelvas enseguida a tus ocupaciones de siempre, no intentes regresar de inmediato a la rutina ni trates de distraerte con un millón de tareas solo para mantenerte ocupada. Cuando te sientas lista, incluso un poco antes, haz *una* cosa normal cada día.

Haz tu propia lista. Planifica al menos una cosa de rutina para cada día, hacer un trámite, arrancar la maleza de tu jardín, cocinar una deliciosa comida, responder a un correo electrónico o dar un paseo en bicicleta.

Tu lista de Un paso al día

Por otro lado, si recientemente no has enfrentado un contratiempo por duelo, enfermedad o pérdida, pero has dejado de lado tus ambiciones y sueños durante un tiempo, quizá por miedo al fracaso o por decepciones anteriores, puedes implementar el mismo concepto para hacerte cargo de estas cosas un paso a la vez.

En lugar de sentir que ahora debes *"lograrlo a lo grande o quedarte en casa"* o *"ir por todo y con todo"*, te animo a que vea cómo puedes acercarte un 1 % más hacia la dirección que has soñado. Por ejemplo, digamos que durante años has soñado con empezar una pastelería, pero entre tu horario actual, la experiencia de intentos "fallidos" y los miedos inoportunos, te cuesta encontrar motivación para hacer algo más que soñar despierta.

Primero pregúntate: *"¿Por qué* quiero abrir una pastelería?"*.

Si al hacerte esa pregunta descubres que no tienes una respuesta sólida, o que tu respuesta es un poco arbitraria, por ejemplo: "Bueno… porque alguien me dijo que soy buena horneando pasteles y que debería abrir una pastelería", entonces tal vez debas pensarlo dos veces antes de invertir todo el tiempo y la energía en algo para lo que no tienes un claro propósito.

Sin embargo, si tienes una respuesta sólida, o un "por qué" detrás de ese sueño: "Para mantener a mi familia" o

"Porque me da enorme satisfacción" o "Para que las personas con alergias alimenticias puedan disfrutar delicias sin gluten", entonces, genial, tienes una base sólida sobre la cual apoyar lo que quieres hacer. Esta es tu señal para seguir adelante.

En lugar de lanzarte con todo de una sola vez, en este caso, te animaría a crear tu lista *Un paso al día* —o *Un paso a la semana*, si necesitas ir más despacio— porque vivimos en un mundo que nos pide hacer acciones masivas. Mi lema es: "Incremental, implementado, imperfecta acción" porque las grandes acciones resultan *sumamente abrumadoras*. Si no tienes los recursos o el espacio en tu calendario para una acción masiva como abrir una pastelería mañana —como si fuera fácil— lo más probable es que te desanimes y hagas absolutamente nada.

Demasiado a menudo pensamos que si no podemos hacer todo, no deberíamos hacer *algo*. O, si nuestros primeros intentos no salieron como habíamos previsto, es tentador tirar la toalla de una vez. Muchos no avanzamos en las cosas que nos proponemos, porque nuestro primer intento no funcionó o porque nos dijeron que si no lo hacíamos en grande mejor nos quedáramos en casa. Pero como dice mi amiga Jess Ekstrom: "Empieza con algo pequeño en casa". Me encanta, ¿a ti no?

Cuando hagas tu lista de *Un paso al día*, piensa en qué cosas pequeñas puedes hacer para avanzar en esa dirección, aunque no puedas abrir una gran pastelería ahora mismo.

Para usar el ejemplo de la pastelería, tu lista de *Un paso al día* podría ser algo así:

Día 1: Piensa y diseña una receta —por ejemplo, de un pastel— para empezar.

Día 2: Hornea una tanda completa de pasteles con esa receta.

Día 3: Dale de probar a tu familia y amigos, pide opiniones y perfecciónala.

Día 4: Investiga sobre pastelerías y cafeterías locales.

Día 5: Llama a esas tiendas y ofréceles pasteles para sus clientes.

Día 6: Si dicen que sí, calcula cuántos deberás hacer cada semana.

Día 7: Crea una etiqueta y un empaque para que todos identifiquen tus pasteles.

Día 8: Desarrolla un calendario y un plan de prueba de tus pasteles en las tiendas locales.

Por supuesto, este es solo un ejemplo, el punto es no posponer indefinidamente tu sueño para "algún día", sino realizarlo a un ritmo razonable, ajustándote a tus necesidades y recursos actuales. No hace falta que consigas un montón de dinero como capital inicial, ni que pongas en marcha hoy mismo tu propia pastelería hecha y derecha para avanzar y dar pasos hacia lo que deseas.

Dar un paso al día es una disciplina necesaria y es el proceso que se requiere para realizar nuestros sueños, porque el éxito no llega de golpe. Llega paso a paso.

Con un pequeño paso al día durante varios días —o semanas—, podrías estar vendiendo tu repostería en cafeterías sin necesidad de emprender la enorme tarea de abrir tu propia tienda desde cero. De hecho, este puede ser un punto de partida más realista para empezar a practicar, sin el dolor de cabeza que supone encontrar y alquilar una tienda, comprar equipos, contratar y supervisar empleados, llevar a cabo todos los trámites legales, etcétera. Si ya intentaste sin éxito montar una pastelería, quizá pueda servirte volver a intentarlo sin todos esos inconvenientes.

Esos pasos más grandes podrían llegar más tarde, cuando estés preparada. Mientras tanto, así podrás empezar lo que has querido hacer y evaluar: 1) si te gusta eso para asumirlo como trabajo; 2) si deseas invertir tiempo, talento y recursos para dedicarte a ello seriamente.

Si ves que constantemente has puesto en el horno a fuego lento ese sueño o llamado de tu corazón porque lo has intentado y no ha funcionado, porque tienes miedo a fracasar o porque algo te ha obligado a aplazarlo —como el cuidado de una persona mayor o el duelo por una pérdida—, pero ha llegado el momento adecuado y no sabes cómo empezar, haz una lista de *Un paso al día*.

Tanto si necesitas crear una lista de *Algo normal al día* para retomar tu vida y seguir adelante después de un acontecimiento desgarrador, o si debes escribir una lista de *Un paso al día* para sacar un sueño del fuego lento luego de un primer intento fallido, tómate un tiempo para analizar cómo todo esto luce para ti.

Crear y seguir una de estas herramientas es una disciplina sencilla que me ayudó a tomarme el tiempo que necesitaba y no abandonar el propósito de Dios solo porque un sufrimiento inesperado estropeó mis planes. Y creo que puede hacer lo mismo por ti.

Ante todo, cuando la vida trae adversidades o tus sueños no van de acuerdo con lo que planeaste, revisa *por qué* persigues lo que sea que estés persiguiendo.

Luego, date permiso para soñar de nuevo y seguir adelante cuando has sentido que algo te bloquea, aunque tengas que empezar poco a poco y avanzar lentamente, un paso a la vez.

4

Siempre *casi* ahí

Hace poco escuché un mensaje de voz de una amiga en el que compartía algo que me llamó la atención: "Siempre siento que estoy casi donde quiero estar".

Continuó diciendo que, por mucho que se esforzara, sentía que le faltaban los recursos esenciales para llegar al siguiente nivel en su negocio. Había probado todas las estrategias, pero parecía que no tenía ni el tiempo ni el equipo para llegar a donde sentía que debería estar. Le respondí que comprendía perfectamente ese sentimiento y le di ejemplos concretos en los que me había sentido estancada o cuando, por más que lo intentara, había cierto umbral que no podía atravesar.

Me respondió con un mensaje de texto: "Es frustrante porque hago las mismas cosas que todas las personas que triunfan. No sé si superan cada etapa sin problemas porque tienen alguna estrategia secreta que aún no he descubierto —aunque creo que todas son familiares para mí— o simplemente son más organizadas y disciplinadas que yo".

Esto nos llevó a una larga conversación sobre la abundancia contra la escasez, el deseo de siempre obtener más y acerca de si estábamos tan "atrás" o "atascadas" como parecía. Examinamos cómo una mentalidad de abundancia puede ver todo lo bueno en nuestra vida, mientras una mentalidad de escasez siempre nos dice que lo que tenemos o lo que perseguimos nunca será suficiente.

¿Alguna vez sientes que siempre estás a punto de llegar a donde quieres estar? ¿O que en el segundo en que alcanzas una meta, todo el mundo a tu alrededor ya la ha rebasado y tienes que lograr otra cosa? ¿Casi siempre estás en la jugada de mantenerte al día, o ponerte al día y nunca estás conforme con tu situación?

Tal vez tengas una casa de tres dormitorios, pero ahora sientes que necesitas un cuarto dormitorio. Tal vez sientas que te has estancado en tu carrera o negocio y no importa lo que intentes, simplemente no puedes pasar al siguiente nivel en el que pensabas que estarías ahora. Tienes el talento, la energía y la experiencia para hacerlo…, pero algo no ha encajado del todo para lograrlo. Al menos no todavía.

Puede que esta sensación sea en un área completamente diferente, pero estoy segura de que estás familiarizada con esta incomodidad de que nada es suficiente, como si no importa lo que intentes o hagas, de nuevo, no es suficiente. Justo cuando crees que estás cerca, la meta se aleja.

La conversación con mi amiga me recordó una reunión con mi esposo el año anterior. Trajo a mi mente algunos de los principios que discutimos, muchos de los cuales pude compartir con ella y ahora quisiera compartir contigo.

Para que te hagas una idea, imagíname sentada en mi oficina junto a mi esposo, con pantuflas, sudadera y pantalón para correr todo remendado —soy así de elegante—, trabajando en nuestros objetivos financieros personales y empresariales. Era mediados de febrero, aproximadamente un mes después de nuestra pérdida. Como el año no había empezado precisamente de acuerdo a lo que habíamos previsto y como habíamos previsto que en agosto tomaría una licencia por maternidad que ya no necesitaría, debíamos revisar el calendario y las proyecciones financieras para el resto del año.

Matt señaló un proyecto que yo había trazado en nuestra pizarra:

—¿Qué hay de este proyecto? ¿Cuál es la meta de ingresos?

Lo pensé un segundo y lancé una cifra bastante alta.

En ese momento, esperaba que escribiera la cifra en la pizarra y empezara a hacer ingeniería inversa para deducir de qué forma la alcanzaríamos, como hacemos normalmente.

Pero no lo hizo. Tampoco dijo si la meta estaba bien o mal. Simplemente me desafió:

—Me parece, creo que es absolutamente posible…, pero siento curiosidad, ¿por qué te propones esa meta?

—¿Por qué? Uhh… No lo sé. Simplemente saqué esa cifra de la nada. Escuché a una colega decir que recientemente había ganado esa cantidad en un proyecto y me pareció una buena aspiración —confesé en voz alta y luego resumí mis sinceros pensamientos con un suspiro—: no sé exactamente por qué… creo que pensé que si alcanzábamos esa cifra, podría contratar a los integrantes del equipo que he querido incorporar a medida que mi negocio de publicación y *podcasting* van creciendo.

—De acuerdo —respondió—, es justo. Pero has pasado por muchas cosas y estamos tratando de mantener bajos tus niveles de estrés y hacer crecer nuestra familia. No quiero verte pasar por otro año de ajetreo y agotamiento sin ni siquiera saber *lo que realmente necesitamos* para hacer esas cosas —y continuó—: no está mal tener grandes metas, o ganar más de lo que necesitamos si las cosas se dan así, pero creo que no es sano que nos empeñemos en eso solo porque *suena* bien. Creo que debemos abordar nuestras metas preguntando *¿por qué?* A partir de ahí, podemos ser específicos y definir qué es *suficiente* para nosotros durante el tiempo que estamos considerando. Así no nos extenuamos intentando mantener un ritmo insostenible. Ya lo hicimos antes y no necesitamos hacerlo otra vez.

Gracias, Señor, por un esposo lógico y racional que nunca se avergüenza ni pone en duda mis grandes metas, pero que también me hace poner los pies sobre la tierra cuando empiezo a perseguirlas arbitrariamente.

Profundizó:

—Dime, ¿por qué quieres contratar a más personas?

—Unas cuantas razones —comencé—, como has dicho. Durante estos años de construcción de nuestra familia, es importante para mí reducir mis niveles de estrés y limpiar la maleza. Además, gracias a esta experiencia, aprecio más trabajar desde casa y tener flexibilidad de horario. Me encantaría ofrecer oportunidades así a otras mujeres para que también puedan tener flexibilidad —expliqué, mientras pensaba en la mujer de Proverbios 31.

—¡Bingo! Ahora tenemos una visión clara de hacia dónde orientar lo que hacemos para ganar dinero. Ahora debemos sacar en claro cuánto necesitamos para, *efectivamente,* mover la aguja en esa dirección este año —dijo.

Así que abrimos una gran hoja de cálculo, escribimos nuestros objetivos financieros personales y luego examinamos las necesidades del negocio. Calculamos el presupuesto para cada cargo que quería contratar, así como la inversión que queríamos hacer. ¿Saben lo que encontramos?

Después de ver cómo encajaba ese proyecto en el panorama general, nos dimos cuenta de que yo solo necesitaba ganar la *mitad* de lo que pensaba para alcanzar esas metas. Esto me permitió respirar profundamente, un suspiro de alivio. La presión se redujo drásticamente solo preguntando *¿por qué?* y examinando nuestros objetivos un poco más de cerca.

Durante mucho tiempo pensé que necesitaba ganar una montaña de dólares para hacer las cosas que quería lograr. Eso me llevó a trabajar a marchas forzadas y a perseguir objetivos imponentes sin saber lo que realmente necesitaba financieramente para lograrlos a un ritmo sostenible.

Como lo vi ese día, resultó que eso no es cierto, sobre todo si empiezo con mi objetivo en mente, saco en claro los recursos que de verdad necesito, me preparo y luego me aseguro de que esos recursos se asignen adecuadamente.

Todos necesitamos preguntarnos *cuánto es suficiente*. Por coincidencia, descubrí que me atreví a tomar en serio esta pregunta ante la decepción de expectativas frustradas. Cuando algo va mal, un interruptor interno se enciende y nos desafía a enfocarnos en lo esencial: "¿Cuál es la prioridad y cuánto de determinado recurso —tiempo, finanzas, etc.— necesito para cultivarla?".

Cuando no nos mueven el dolor de la desilusión o los momentos casi-pero-no-completamente, resulta muy fácil quedar atrapados, sin prioridad clara, en medio de un sin fin de posibilidades. De manera extrañamente difícil y hermosa, las heridas de nuestras decepciones más profundas pueden servir como momentos de definición que nos ayudan a ver más allá de la presión arbitraria y definir cómo luce lo suficiente en nuestra vida.

Define lo suficiente al preguntar por qué

Una de las cosas más importantes que puede hacer una mujer ante las expectativas frustradas, las decepciones inesperadas y los momentos casi-pero-no-completamente es aceptar la invitación —a menudo dolorosa— a preguntarse *¿por qué?* Lo que evitará que caiga en la trampa de dejarse llevar por la vanidad, la comparación o la presión por conseguir algo que *parece* espectacular. Especialmente cuando sentimos la necesidad de alcanzar logros o elogios que compensen cualquier cosa que no haya ido bien en nuestra vida.

En otras palabras, cuando sabemos que no necesitamos hacer de todo para ser felices y que nuestras peores decepciones no nos definen, podemos empezar a invertir nuestros esfuerzos de forma más intencional. Lo que nos permite crear una vida encantadora y significativa, tener un impacto en los demás sin excedernos y administrar bien los días por delante.

Eso generalmente inicia definiendo qué es suficiente.

La disciplina de definir lo *suficiente* requiere verificar cada compromiso, tarea y objetivo que tengamos sobre la mesa, preguntando: "¿Por qué? ¿por qué estoy haciendo o persiguiendo esto?".

En lugar de apresurarnos sin parar y de matarnos trabajando, lo más sensato es establecer metas y objetivos claros y significativos basados en nuestras necesidades, en lo que tenemos actualmente y en la meta a la que aspiramos.

Con demasiada frecuencia, nos fijamos objetivos *arbitrarios* y, como he aprendido por las malas, eso puede llevarnos al ajetreo y al agotamiento.

Antes del embarazo y la pérdida, era habitual que me fijara metas *arbitrarias* grandes y ambiciosas. Pensaba que para tener la certeza de que hacía lo *suficiente* debía conseguir más, más y más. Elegía muchas de mis metas, particularmente las financieras, en función de lo que me parecía bien o de lo que escuchaba respecto a los objetivos de otras personas. Aunque todavía puedo excederme si no tengo cuidado —recordemos mi fallido proyecto del primer capítulo— mi experiencia me impulsó a ver mis objetivos a través del lente de lo que más importa y empezar a hacer cambios en mi enfoque.

Examina tu vida y cómo fijas tus metas. Por ejemplo, ¿alguna vez has querido perder cinco kilos porque tu hermana lo hizo? No me malinterpretes, es estupendo sentirse inspirado e influenciado positivamente por otra persona. Sin embargo, si te preguntas por qué quieres perder peso y la única razón que se te ocurre es: "Bueno, mi hermana lo hizo, así que yo también tengo que hacerlo", puede que te resulte difícil el compromiso a largo plazo o mantener el peso que pierdas.

¿Por qué? Mi argumento sería que si no tenemos claro lo que necesitamos en nuestra vida o carecemos de un significado más profundo que impulse nuestros objetivos, puede que nos resulte más difícil sostener el esfuerzo por alcanzarlos. Lo mismo aplica para mantener el cambio que resulta. Además, si estableces objetivos fundamentados en lo que suena bien o en lo que ves que otras personas hacen, es posible que no estés persiguiendo los objetivos correctos para ti.

Cuando perseguimos un objetivo por una razón arbitraria o superficial, puede resultar que estemos invirtiendo esfuerzo y energía en algo que ni siquiera está alineado con nuestras prioridades o necesidades.

La otra cara del asunto sería un propósito más profundo y duradero que impulse nuestras ambiciones: "Quiero perder peso para mejorar la salud de mi corazón porque sé que cuidarme aumenta mis probabilidades de estar junto a mi familia en el futuro". Ese es un propósito que vale la pena, ¿verdad? Enfocarte en algo más grande que tú, te permite ser más específico en lo que buscas, porque la meta se fundamenta en tus necesidades y prioridades reales, no en la comparación o la vanidad.

En otras palabras, si evalúas tus necesidades de salud, en vez de fijar arbitrariamente el peso que debes perder porque es lo que tu hermana logró, podrías descubrir que solo debes perder cinco libras, así que diez libras tal vez es excesivo. O puedes descubrir que necesitas perder quince libras para estar saludable y cumplir con un *por qué* más profundo.

Permíteme otro ejemplo. En el mundo de los negocios es habitual oír hablar de la brecha de las seis cifras, como si al alcanzar las seis cifras llegaras a la mística tierra del éxito que en realidad no existe. Una vez que alcanzas las seis cifras, el objetivo es alcanzar las siete cifras... luego, un múltiplo de esas siete cifras. Y así sucesivamente. Créeme, he aprendido, por experiencia, que puedo sentirme mucho más satisfecha ganando menos si estoy dando forma a una vida que disfruto y no solo persigo más por el simple hecho de tener más.

En otras palabras, una sola cifra, un logro o un resultado no equivalen al éxito, ni tampoco significa que te acerques a la visión que tienes para tu vida; esa en la que te sientes realizado, presente y disponible para lo que más importa.

Puedes llegar a ganar siete cifras o más y seguir sintiéndote totalmente miserable, exhausta o desconectada de lo que más importa. Tu motivación no puede ser el logro o el resultado en sí mismo, sino que debe estar relacionada con el *por qué*, el propósito implícito que hace que valga la pena el esfuerzo. Así el logro o la meta que persigues se parece menos a un trofeo para presumir y más a un vehículo que te ayuda a alcanzar dicho propósito. Al fin y al cabo, esa satisfacción solo dura un segundo antes de que otra persona tenga algo más impresionante que mostrar.

Si consideras que necesitas un millón de dólares para cumplir tu por qué, entonces, genial. Ese dinero será el vehículo para llevar a cabo tu misión. Pero si no hay una misión clara atada a los dólares y centavos, la búsqueda arbitraria por alcanzar mucho más solo podría incrementar el estrés. Aunque más no es malo, más no siempre es mejor. El logro o la meta correctos variarán para cada uno de nosotros dependiendo de nuestra prioridad y de las necesidades de cumplir con nuestro propósito en una época específica.

Compartí estos pensamientos con mi amiga mientras nos enviábamos mensajes de texto y volvieron a convencerme un año después. De hecho, al compartirlos, me sentí desafiada a realizar un inventario de las formas en que yo misma los había perdido de vista. El hecho de compartir estos sentimientos tan comunes a todos con una amiga de confianza y reflexionar sobre todo lo que mi esposo y yo habíamos hablado el año anterior, provocó que me tomara un período sabático para buscar el crecimiento y alcance de nuevos objetivos. Establecí un plazo de dos meses durante los cuales no me enfocaría en el crecimiento de mi negocio, sino que usaría ese tiempo para dedicarme a cuidar lo que ya funcionaba bien. Pensé que tal vez una de las razones por las que casi nunca me sentía satisfecha era mi tendencia a lograr un objetivo y establecer otro nuevo inmediatamente después, sin tomarme el tiempo para celebrar o apreciar lo que había logrado. Así que decidí abrir una pequeña ventana para permitirme visualizar todo lo que ya había logrado y apreciarlo como más que suficiente sin empujarme hacia la siguiente meta. ¡Esos dos meses fueron transformadores para mí! Pasé de escuchar ese constante susurro al fondo de mi mente: *Todavía no has llegado... todavía te falta...*, a ver a mi alrededor, apreciar mi trabajo y mi vida y decir: "Hoy, esto es suficiente".

Entonces, ¿cuál es mi punto? Que es importante hacernos regularmente preguntas trascendentes como: "¿Por qué esa cifra, meta, nivel, etcétera? ¿Es eso lo que realmente necesito para llegar a donde quiero o debo ir? ¿O simplemente resulta atractivo?".

Si nos hacemos este tipo de preguntas, puede que nos demos cuenta de que a veces necesitamos menos, de que necesitamos más y estamos apuntando demasiado bajo; o —como me sucedió a mí cuando texteaba sobre esto con mi amiga— de que en realidad estamos exactamente donde debemos estar.

Definir qué es suficiente y perseguir los objetivos correctos, llenos de propósito para nosotros, en especial cuando la vida nos hace una mala jugada o nos tira al suelo, requiere que empecemos respondiendo las preguntas siguientes:

¿Por qué hago lo que hago?

¿Qué espero conseguir o hacer en los próximos tres, seis o doce meses?

¿Cuánto —tiempo, dinero, etcétera— estimo que necesito para conseguirlo?

Si llevas tiempo persiguiendo algo, o si recientemente has enfrentado una decepción o contratiempo, intenta ver la situación como una invitación a reevaluar lo que tienes frente a ti. ¿Te gusta lo que hay? ¿Necesitas cambiar algo? Examina cada propósito, compromiso y actividad y regresa al *por qué* iniciaste con ello, para ver si las metas a las que apuntas y por las que estás trabajando, todavía están alineadas.

Si lo están, define qué es suficiente para ti y haz un plan para administrar esas cosas con excelencia y enfoque.

Si no encajan, deja de mirar a los demás. Al contrario, reduce tu centro de atención, afina tus objetivos basándote en *tus* necesidades y luego haz un plan para manejarlos con lucidez, en vez de ceder a la presión de demostrar algo a un mundo de personas con una vida por la cual preocuparse.

Y recuerda, definir qué es suficiente de ninguna manera significa conformarse o no arriesgarse. Es luchar por tu satisfacción en una sociedad que constantemente nos dice que nunca debemos estar satisfechos y que si lo estamos ha de ser porque somos complacientes. Nada más lejos de la realidad. La complacencia y la satisfacción son dos mentalidades totalmente diferentes. La primera carece de dirección e intención. La segunda está llena de ambas.

Decidirte a definir lo suficiente —perseguir lo que te importa y lo que necesitas de verdad— no es el camino más fácil. En una cultura de *nunca es suficiente*, es una forma de nadar contra la corriente. A decir verdad, no solo es importante en los tiempos de los *casi* y de las incógnitas, sino también cuando se trata de prosperar en el día a día y de construir una vida que realmente nos guste. Definir qué es suficiente será la disciplina que necesitamos.

5

Cuando los planes no resultan (otra vez)

¿Conoces esos momentos en los que te desvías y justo cuando crees que casi has recuperado el aliento y has empezado a avanzar con un nuevo plan, te golpea otra mala jugada que también echa por tierra esos planes? Yo también sé de esos momentos.

Me dirigía a un evento a mediados de marzo de 2020, preparándome para dar una conferencia inaugural frente a seis mil estudiantes universitarios. Matt decidió acompañarme. Por desgracia, no había vuelos directos disponibles y, con las conexiones y escalas, nos habría llevado más tiempo volar que conducir, así que optamos por afrontar juntos un largo viaje por carretera.

Habíamos recorrido unas tres cuartas partes del camino cuando una amiga me mandó un mensaje de texto:

"¿Sigues pensando hablar en ese evento cuando el mundo entero se está volviendo loco?".

Leí el texto en voz alta. "¿Qué quiere decir?". Sabía que la pandemia por COVID-19 había empezado a golpear recientemente a los Estados Unidos, pero no había escuchado nada que sugiriera que el mundo entero se estaba "volviendo loco". Vi a Matt: "¿Es realmente tan grave?".

Frente a su actitud de encogerse de hombros, tomé el teléfono y envié un mensaje de texto: "No estoy demasiado atenta a las noticias, pero creo que el asunto todavía sigue en pie".

Cinco minutos después, vi una notificación en las redes sociales. La organización me etiquetaba para que viera que estaba programado que yo hablara a la mañana siguiente. La publicación era promocional y me destacaba como orador principal. Pero los comentarios llamaron mi atención. Muchos eran de estudiantes preocupados que, en esencia, protestaban por el evento.

No era precisamente una bienvenida agradable y cálida.

Empecé a leerlos y, al hacerlo, tuve mi primera impresión del "mundo entero se está volviendo loco". Un comentario tras otro decía algo parecido a:

"¡El gobernador acaba de prohibir las grandes reuniones sociales en el Estado! Esto debería cancelarse".

"¿Quiere que todos enfermemos y muramos?".

"¡¿No se da cuenta la administración de lo que está pasando en el mundo?! ¡No a las grandes reuniones!".

"Cancelaron el torneo de la NBA. ¿Por qué no se cancela *esto*?".

Volví a leer este último. *¿Cancelaron el torneo de la NBA? ¿Pueden hacer eso? ¿Está permitido?*

Comentarios como estos me llevaron a investigar un poco —es decir, a buscar en Google—, para conseguir información sobre lo que sucedía.

Como ya he dicho, había escuchado hablar de la COVID-19 antes del viaje por carretera, pero nadie parecía demasiado preocupado hasta que, de repente, todo el mundo entró en pánico. Tampoco hubo mucha transición. Un día, todos estábamos bastante tranquilos. *Naaa, no es gran cosa. No es tan grave.* Al día siguiente cerraron Disney y prácticamente todo en el país.

Seguimos hacia nuestro destino, pero al llegar a la ciudad esa noche, nos enteramos de que el evento presencial iba a ser cancelado. En su lugar, daría una presentación virtual que se transmitiría en directo. Llevaba meses esperando esa presentación y, aunque no era una catástrofe en comparación con las cosas más importantes que estaban ocurriendo en el mundo, lo sentí como un gran fiasco, sobre todo, después de un viaje tan largo por carretera.

Aunque no era el plan original, hicimos que saliera bien. Cuando llegamos a casa la noche siguiente, el presidente había declarado un estado de emergencia nacional y el gobernador había decretado una orden de dos semanas de permanencia en casa.

Como todo el mundo, no sabía qué hacer. Lo único que sabía era que todos los planes que *creía* tener se iban a caer otra vez. Empecé a preguntarme si tenía algún sentido planificar mi año.

Cuando el siguiente plan vuela por los aires

Unos días después, luego de haber enloquecido y de haberme comido un cuarto de galón de helado para calmar mi angustia, reacomodé mi poca cordura y convoqué una reunión con mi pequeño equipo. Habíamos programado un proyecto bastante grande para lanzarlo un par de semanas más tarde y necesitábamos discutir un plan de acción alternativo.

Me di cuenta de que estábamos a punto de perder decenas de miles de dólares que habíamos invertido en ese proyecto. Casi habíamos llevado a cabo un nuevo plan, pero ahora las cosas se estaban desviando y los planes que habíamos hecho tendrían que cambiar. Significaba que debíamos adaptarnos y reunirnos por videollamada para discutir alternativas.

Después de la pérdida que sufrí, ya habíamos tenido que rehacer nuestros planes para el resto del año. Parecía que tan pronto como tenía la oportunidad de recuperar el aliento y empezar a avanzar con un nuevo plan, llegaba algo más y tumbaba todo otra vez.

¿Te ha pasado alguna vez? Ya sabes, cuando el plan A no va según lo previsto, te reúnes y haces un plan B, pero justo cuando el plan B parece ir viento en popa, sucede algo inesperado que escapa de tu control y ese plan también se cae.

Ufff. Puede ser tan desquiciante.

No lo vi en el momento, porque era muy frustrante y estresante, pero lo veo ahora: en esas experiencias consecutivas que me obligaron a planificar y volver a planificar el año dos veces en su primer trimestre, empecé mi aprendizaje sobre renunciar al control.

Suelo decir que las lecciones más importantes son las más difíciles de aprender y las decepciones y los sueños desbaratados no han hecho más que consolidar mi creencia. Algunas de las lecciones más duras —las que afectan nuestra esencia— vienen por el camino difícil a medida que aprendemos a adaptarnos y a sacarle máximo provecho a las circunstancias.

Tal vez esas experiencias no fueron simples inconvenientes, sino invitaciones a confiar en Dios y a crecer de una manera que no habría notado si hubiera seguido pensando que solo con planificar o hacer lo suficiente tendría total control de la situación.

Para ser honesta, detesto perder el dominio de la situación. Me gusta saber exactamente cómo van a salir las cosas y elegir qué voy a hacer, a qué me voy a dedicar, qué voy a atender y de qué forma. Con mi pérdida, había experimentado la sensación de no tener control. Una vez en un año era suficiente, muchas gracias.

Aunque no me apuntaría voluntariamente a este tipo de situación de descontrol, desde entonces he visto cómo surgen cosas buenas e inesperadas de mi capacidad de adaptación.

Por un lado, me ayudó a aprender las ventajas de planificar plazos más cortos. También me animó a abrir las manos, a soltar, aunque fuera un poco de control —o incluso la *idea* de tener control— y de paso aprender nuevas formas de resolver problemas.

Además, me vi obligada a revisar mis metas y sueños. *¿Cuáles de estos proyectos y de estas metas que me he fijado son una verdadera necesidad? ¿Cuáles se alinean con lo que quiero alcanzar y cuáles no?*

Cuando le dimos un giro a nuestros planes, empecé a ser más crítica para examinar qué quería realmente impulsar para que avanzara comparado con lo que necesitaba detener. ¿Qué le conviene a mi equipo, a mi vida, a mi familia y a mi comunidad en medio de estas circunstancias inesperadas?

Cuando se trata de nuestras esperanzas, planes, ambiciones y sueños, la realidad es que solo unas pocas cosas clave dependen de nosotros: *qué* es lo siguiente en lo que nos enfocaremos, *por qué* elegimos lo que estamos haciendo y *cómo* responderemos cuando los planes salgan bien y cuando no.

Bien, bien, eso suena genial y todo, pero ¿puedo ser sincera? No suelo pensar mucho en mi respuesta cuando algo sale mal. Simplemente... reacciono y a veces emocionalmente. A veces me como un cuarto de galón de helado, por el amor de Dios. Las decepciones, pérdidas y frustraciones reales vienen con implicaciones reales. Por eso, cuando los planes se desmoronan, no suelo dar una respuesta lógica, fría, calmada y tranquila. Al menos no enseguida. No soy un robot. En cambio, es más como si cayera en espiral mientras me hago todas las preguntas difíciles que se me ocurren: "¿Por qué está pasando esto? ¿Qué debo hacer ahora?". Entonces, solo después de haber procesado las emociones que me provoca la situación, puedo reponerme y responder en consecuencia.

Así que si tú también eres humana, la mejor motivación que puedo ofrecerte es que te des la oportunidad de reconocer con amabilidad los sentimientos, los miedos o las frustraciones que surgen cuando enfrentas contratiempos, decepciones o expectativas frustradas. Después de enloquecer durante un minuto, respira profundo y pregúntate: "¿Cuál es el mejor paso que puedo dar ahora? ¿Cómo puedo sacarle el mayor provecho a este *casi*?".

Ahora que veo en retrospectiva, más de un año después, me doy cuenta de que esas imprevistas disrupciones que me obligaron a rehacer mis planes fueron curiosamente buenas para mi trabajo y para mi vida personal. Como estaba dispuesta a adaptarme —o más bien me vi obligada a hacerlo—, me involucré en menos proyectos, pero al final sentí que había realizado un trabajo más significativo que nunca porque no había dividido tanto mi atención.

No puedo evitar pensar que fue un regalo inesperado que nunca pedí, pero que necesitaba de verdad.

Navegar lo imprevisto

Admitámoslo. *Todas* las épocas son imprevistas. Nuestra próxima experiencia de casi-pero-no-completamente podría estar a la vuelta de la esquina en cualquier momento. Por supuesto, unas pueden tener más variables que otras, pero cada una puede presentar su particular colección de desafíos por navegar. Resulta que la escuela no nos prepara para todo lo que la vida nos depara: la pérdida de un embarazo, la pérdida de ingresos y las pandemias.

Pero aprendí que, incluso, cuando las cosas *parecen* estables y seguras, es sensato no caer en la ilusión de que tenemos todo bajo control. ¿Hay opciones bajo nuestro control? *Por supuesto.* ¿Podemos mejorar o empeorar nuestra vida en función de las elecciones que hacemos? *Casi siempre.* Sin embargo, tantos factores escapan de nuestro control que, aun esforzándonos al máximo, podríamos aterrizar apenas a pocos metros de nuestra meta. Ah, esos momentos *casi* otra vez. Cuando aceptamos que muy pocas cosas son realmente estables, estamos mejor equipados para adaptarnos y manejar de mejor forma las expectativas insatisfechas.

Con esto en mente, quiero compartir algunas lecciones clave que me han ayudado desde entonces a navegar por el futuro desconocido que provocan las interrupciones inesperadas y las expectativas frustradas. Tanto si eres alguien que planifica por naturaleza como si no, estos pasos pueden ayudarte a suavizar el golpe cuando, por más que lo intentes, las cosas no salen de acuerdo a tus planes.

Planea plazos más cortos

Durante la reunión con mi equipo de trabajo, cuando el impacto de la pandemia empezó a aparecer poco a poco, supe que debía abordar la planificación de manera diferente. Así que, en lugar de intentar volver a proyectar un año entero por tercera vez, en medio de un futuro tan incierto, nos enfocamos en planificar solamente los próximos noventa días. Acabábamos de ver dos veces seguidas, en pocos meses, lo impredecibles que eran las cosas y era un desperdicio de energía intentar hacer un plan perfecto para el resto del año.

Gracias a este ejercicio, descubrí que planificar en pequeños plazos mensuales o trimestrales me ayuda a mantenerme enfocada y permanecer flexible. Solía planificar todo el año por adelantado, pero doce meses es mucho tiempo para las cosas —las circunstancias, las prioridades, la capacidad, el mundo que me rodea— para que cambien drásticamente. Cuando espero que todo un año se desarrolle según lo que he planeado, acabo aferrándome a controlar las cosas en lugar de administrar bien lo que tengo justo por delante.

Esto no quiere decir que establecer metas o propósitos para todo el año no sea conveniente. De hecho, sostengo que sí lo es. Pero planificar todos los detalles de un período de doce meses solo me preparaba para el fracaso y la desilusión ante las expectativas frustradas. Ahora planifico por trimestres. Puedo prever posibilidades para el futuro más allá de eso, pero trato de no grabar nada en la piedra algo fuera de los noventa días que tengo por delante; incluso en esa situación prefiero el cemento húmedo a la piedra.

¿Mi consejo? Fija unos cuantos objetivos intencionales, pero en la medida de lo posible, planifica en plazos más cortos el detalle de lo que te permitirá alcanzarlos. Verás que estarás más consciente y te podrás concentrar mejor en ese lapso más corto, además, dependerás menos de tus expectativas para el futuro. Esta estrategia combina muy bien la sensatez de la planificación con la libertad y el antojo de tomarse la vida un día a la vez.

Concéntrate en hacer menos, pero mejor

Mientras con mi pequeño equipo de trabajo discutíamos cómo avanzar, también acordamos enfocarnos en un par de cosas. Por ejemplo, para los próximos noventa días, planeamos concentrarnos solamente en dos proyectos, uno nuevo y otro que ya habíamos iniciado. El proyecto en curso que debíamos atender era mi *podcast* y el proyecto nuevo, eran unos talleres que creíamos útiles para mi comunidad frente a sus nuevas necesidades.

En lugar de compensar las pérdidas económicas y las metas a medias, intentando hacer muchas cosas a la vez, decidimos dedicarnos a dos cosas, proponiéndonos hacerlas muy, pero muy bien.

Aprendí por las malas que se requiere un enfoque para lograr una satisfacción verdadera y vivir de acuerdo con nuestra visión personal del éxito. Cuando nuestras ambiciones empiezan a arrastrarnos y tratamos de forzar un resultado, pero lo mejor es cambiar de planes —o cuando perseguimos un millón de sueños a la vez—, no conseguiremos hacer nada bien. Los planes que no se logran y la imprevisibilidad a la que nos enfrentamos en la vida nos recuerdan lo importante que es dedicarnos a muy pocas cosas bien hechas.

Esto también aplica para algo más que los planes profesionales. Por ejemplo, si decides ponerte en forma o mejorar tu salud, tal vez creas que debes ir con todo y por todo. En nuestro mundo de todo o nada, puede parecer que hay que inscribirse a clases de aeróbicos, comer más verduras, tomar mil suplementos, dormir ocho horas, eliminar el azúcar, la cafeína y prácticamente todo. Ahora mismo. ¡Eso es demasiado!

Y puede que seas capaz de mantener ese ritmo durante un tiempo. Pero si la vida te enfrenta a cierta disrupción que no esperabas, puede que te haga bajar el ritmo o motivarte a reconsiderar que *hacer todo* es algo difícil, lo que te podría desanimar. Hasta es posible que sientas el impulso de rendirte.

En lugar de empezar a toda máquina para luego abandonar cuando la vida real lo haga difícil de mantener, piensa en uno o dos cambios que puedas hacer hasta que se conviertan en una segunda naturaleza o, en otras palabras, en *hábitos*. ¿Podrías hacer gimnasia y reducir el azúcar durante los próximos noventa días? Luego, ¿es posible que añadas otro cambio unos meses después? Esta estrategia te ayudará a cuidar tu salud sin sentir que te estás forzando demasiado y de una manera que ni siquiera es manejable o agradable.

Cuando podemos enfocarnos sin sentir que llegamos rápidamente al límite de nuestras fuerzas, tenemos más capacidad para ser flexibles. En otras palabras, podemos hacer ajustes sin tirar la toalla cuando las circunstancias cambian.

La vida casi siempre nos hace una mala jugada —o dos, o doce— cuando menos lo esperamos. Si mantenemos la cabeza agachada y las manos aferradas a nuestros planes, no seremos capaces de enfrentar o esquivar esa bola curva que nos golpeará justo en medio de los ojos y nos dejará fuera de combate. En cambio, si dejamos un poco de espacio para lo inesperado, si planificamos en plazos más cortos y nos dedicamos a hacer bien lo importante, puede que hasta seamos capaces de pegarle un buen batazo a esa bola y la saquemos del estadio.

Mira, puede que todo esto sea mucha información, pero todo irá mejor si recuerdas: planifica con tiempo, pero mantén las manos y la mente abiertas al cambio. Porque éxito no es solo que las cosas salgan exactamente como las planeamos. El éxito también se encuentra en cómo enfrentamos lo que se nos viene por delante cuando algo sale *casi* bien, pero no realmente.

6

Cuando un *sueño* hecho realidad se convierte en una *pesadilla* recurrente

Era temprano en la mañana, un día de abril, apenas unos meses después de nuestra pérdida. Estaba de pie en el baño viendo otra prueba de embarazo con resultado positivo.

Caí de rodillas.

—¡Oh, gracias, Jesús! —susurré.

Después de decírselo a Matt y de celebrarlo por videollamada con nuestras familias, llamé a mi doctora. Me hizo ir inmediatamente a su clínica para un análisis de sangre. Para mi alivio, mis niveles resultaron bien. Respiré profundamente aliviada.

Aparte de algunos antojos importantes, fatiga y náuseas intermitentes, el primer trimestre transcurrió sin incidentes. Me hacían ultrasonidos cada dos semanas para controlar el progreso y tranquilizarme y todo parecía avanzar perfectamente.

El ultrasonido de las diez semanas y media mostraba los brazos, las piernas, las manos y los pies de nuestro bebé moviéndose. Incluso pudimos ver la pequeña nariz y la barbilla que habían empezado a formarse. Por fin empezó a ser real y sentí que me relajaba.

Más tarde, ese mismo día, se desató una tormenta de principios de verano. Cuando pasó, Matt y yo vimos que un arcoíris completo y perfecto cubría el campo justo delante de nuestra casa. Matt entró corriendo y agarró las fotos del ultrasonido.

—¡Ponte debajo del arcoíris y sujeta esto! ¡Quiero tomarte una foto con nuestro bebé arcoíris bajo el arcoíris!

Para ponerte en contexto, al bebé que viene después de una pérdida lo llaman *bebé arcoíris*.

Mi corazón casi explotó de felicidad cuando me puse de lado, coloqué una mano bajo el pequeño bulto que había empezado a formarse y sostuve las fotos del ultrasonido en la otra mano. Era una imagen demasiado perfecta, como una señal de Dios de que esta vez todo saldría bien.

Cuando entramos a casa, miré a Matt y le dije:

—Sabes, por primera vez, creo de verdad que todo va a salir bien.

Me sonrió.

—¡Eso es lo que he estado diciendo! Me alegro mucho de que tú también lo creas.

Cuando el sueño se desbarata otra vez

¿Te has sentido alguna vez atrapada en un ciclo sin fin, como si cada vez que tu sueño casi se hace realidad, son tus peores temores los que cobran vida? Yo sí. Y es lo peor.

Cuando eso ocurre, tenemos que luchar con estas preguntas: "¿Cómo encontramos el valor para intentar de nuevo cuando, en este recorrido, tenemos una y otra vez que volver al punto de partida? ¿Cómo mantenemos la fe cuando ese anhelado destino parece tan lejos de nuestro alcance?"

Aprendí de la peor manera que no hay respuesta fácil para esa pregunta. Permíteme explicarte.

A mis doce semanas de embarazo, contratamos a un fotógrafo y nos tomamos fotos con el ultrasonido más reciente para dar la noticia, en las redes sociales, la semana siguiente. El día antes de que le contáramos al mundo nuestra gran noticia, teníamos otra cita en la que íbamos a escuchar los latidos del corazón con un Doppler. Matt sacó su teléfono para grabar los latidos, mientras yo estaba tranquila en la cama, emocionada por lo que iba a escuchar.

Pasó un minuto más o menos cuando me di cuenta de que la enfermera fruncía el ceño tratando de encontrar el sonido. "Estoy segura de que está bien", dijo. "Tal vez no lo estoy haciendo correctamente. Traeré a la doctora".

¿Podríamos realmente estar en esta situación de nuevo? De ninguna manera. El ultrasonido nos mostrará que todo está bien. Tiene que ser así.

Unos minutos más tarde, la doctora era quien hacía rodar el aparato de ultrasonidos sobre mi vientre y empezó el escaneo. Entonces supe que algo andaba mal. Matt se acercó a mí, mientras todos escudriñábamos la pantalla buscando una señal de vida.

El cuerpo del bebé era más grande que en el último ultrasonido, pero estaba inmóvil. No se veía el parpadeo de los latidos que habíamos visto unas semanas antes.

Mi corazón empezó a hundirse dentro de mi pecho mientras pensaba: *¡Esto no puede estar pasando otra vez!*

Contuve la respiración y esperé a que la doctora confirmara la noticia que más temía: había perdido *otro* bebé, esta vez uno que había llevado durante tres meses dentro de mí. Eso es mucho tiempo para establecer un vínculo con tu bebé no nacido. Ya habíamos tomado las fotos del anuncio, mi madre y una amiga cercana ya habían empezado a planear mi *baby shower*, yo había bajado la guardia y me había permitido amar y ser vulnerable. En ese momento, hasta me arrepentí de haberme emocionado y de haberme permitido creer que todo estaría bien.

Con lágrimas rodando por mis mejillas, recogí mis cosas. Matt y yo salimos corriendo por la puerta principal de la clínica, frente a todas las felices embarazadas en la sala de espera.

Cuando detuvimos el auto en la entrada de la casa, ambos llorábamos y pensé: *Estamos atrapados en una pesadilla sin fin.*

Me bajé desesperada y me desplomé en el patio trasero, gritando al cielo: "¡¿POR QUÉ? ¿Qué pasó con el arcoíris, Dios? ¿Qué pasa? ¿Por qué harías algo así?!". Si no has experimentado algo así personalmente, puede sonar dramático. Pero fue realmente como si todo mi mundo se derrumbara. Una mezcla de dolor, duelo, hormonas y conmoción hizo que el siguiente par de días fueran borrosos. Me encontré a mí misma tan enojada, impactada, perturbada y confundida que no tenía cómo expresar mis sentimientos. Normalmente, para procesar las cosas difíciles, salgo a correr. Por desgracia, debido a la dolencia física por la que estaba pasando, correr no era una opción.

En este caso, la única forma que conocía de liberar los sentimientos que me quemaban por dentro, sin hacerme daño, era estrellando platos contra el piso. Así que eso hice. La noche antes de la cirugía de legrado que apenas podía creer que necesitaría, abrí los gabinetes de la cocina y encontré unos cuantos platos viejos color turquesa que nunca me habían gustado mucho. Los tomé, salí al porche y, mientras se me llenaban los ojos de lágrimas, los arrojé al concreto mientras soltaba un fuerte rugido.

Cada plato se rompió en cientos de pedazos al impactar contra el pavimento y los fragmentos de cerámica turquesa cubrieron el piso que me rodeaba.

¿Mis vecinos pensarían que era una lunática? Probablemente.

¿Me importaba en ese momento? Ni un poquito.

Cuando la porquería se desparrama, cuando un punzante dolor como ese recorre cada fibra de tu ser, descubres que no te importa en lo más mínimo lo que piensen de ti.

Llámame loca, pero creo que también había algo simbólico en ello. Con absoluta incredulidad, miré fijamente los fragmentos a mi alrededor: piezas rotas que representaban con exactitud mi corazón de mamá, mis esperanzas y mis sueños.

¿Qué haces cuando la vida te rompe el corazón, aplasta tus esperanzas y tus sueños, o destroza una y otra vez lo más preciado para ti? ¿Qué haces cuando en lugar de conseguir aquello por lo que tanto has orado, terminas sintiéndote como un desastre, como un plato hecho añicos en el piso?

Tal vez, si eres como yo, te quiebras. Y tal vez, en un mundo que nos dice que nos repongamos rápidamente para seguir adelante con la vida, debemos empezar por reconocer que no estamos bien, que estamos heridos y hechos pedazos.

Unas semanas después, cuando empecé a ver a una terapeuta para lidiar con mi trauma, ella validó mi decisión de tirar los platos al piso y dijo que la forma de recuperar fuerza y seguir adelante era reconocer las emociones y dejarlas salir de una manera saludable, en lugar de evadirlas o ignorarlas. De lo contrario, saldrían de otras formas poco saludables, que podrían dañar relaciones y otras áreas de nuestra vida.

La historia de mi vida

Tumbada en la cama el día después de la cirugía, miré a Matt guardando algo de ropa al otro lado de la habitación y le dije:

—Necesito salir de aquí.

La habitación, la frazada que me cubría, la familiaridad de mi propia casa parecían sofocarme, recordándome lo que había perdido y que nunca recobraría.

—Está bien —respondió con el teléfono en la mano—. ¿Adónde quieres ir?

Lo pensé durante un momento.

—No sé… ¿Montana? —sugerí medio en broma, medio en serio.

En cuestión de segundos, comenzó a ver qué carreteras tomar para conducir desde nuestra ciudad en Indiana hasta el País del Gran Cielo, además de conseguir un Airbnb en Montana. Para que quede claro, no es un viaje corto desde nuestra casa. En absoluto.

Me di la vuelta y dejé escapar un suspiro al caer en cuenta de que me habían realizado una cirugía menos de veinticuatro horas antes.

—Tal vez en el camino deberíamos detenernos primero en algún lugar que esté cerca de casa para ver cómo me siento.

Después de buscar un sinfín de opciones, decidimos echarle un vistazo al lago Geneva en Wisconsin; reservamos dos noches en una posada a orillas del lago y empezamos a empacar.

Llegamos justo antes del anochecer de ese mismo día. Caminamos tranquilamente por el muelle, mientras observábamos la puesta de sol y los barcos balanceándose en el malecón.

Después de descansar unos días en el lago, salimos del hotel, nos subimos al coche y empezamos a conducir hacia el oeste, desde Wisconsin hacia Montana. Cerca de las cuatro horas de viaje, nos detuvimos en una gasolinera en algún lugar de Minnesota.

Mientras Matt echaba gasolina, algo se apoderó de mí. De repente sentí muy fuertemente que no debíamos recorrer el resto del camino, a pesar de que ya habíamos reservado y pagado un Airbnb.

Debatí en mi interior durante un minuto antes de decirle algo a mi esposo fanático de las actividades al aire libre, quien tenía muchas ganas de pasar una semana desconectado de todo en un amplio espacio abierto.

Será divertido, intenté decirle a mis dudas.

Mis dudas contraatacaron: *Sí, pero acabas de tener una cirugía bastante invasiva hace unos días y no sabes cómo se recuperará tu cuerpo. Conducir todo ese camino puede no ser bueno para ti en este momento.*

También sería bueno para mi corazón, respondí.

Mis dudas insistieron: *Tu doctora dijo que tu proceso de convalecencia durará unas dos semanas. Probablemente sería*

mejor no estar muy lejos de casa por si surge alguna compli-
cación inesperada.

Sabía que las complicaciones derivadas de un procedimiento así eran poco frecuentes y no conocía a una sola
mujer que las hubiera tenido, así que las probabilidades de
algo malo eran bajas.

A pesar de esos razonamientos, la duda seguía mero-
deando, importunándome para que le dijera algo a Matt
en el momento en que empezábamos a salir de la gasolinera.

Buscando todo el valor necesario para frustrar a un
hombre que acababa de manejar más de cuatro horas, dije,
justo antes de que retomara la carretera:

—Cariño, no creo que debamos ir a Montana.

—¿Qué? ¿Qué quieres decir? ¿Por qué no? —dijo con
una mirada desconcertada.

Le conté sobre mis preocupaciones y el origen de mi
repentino cambio de opinión.

—Es que no sé qué hacer —traté de explicarle—. A
medida que nos alejamos de casa, me invade la ansiedad.
Mi instinto me dice que tal vez sea mejor quedarnos cerca
de casa un poco más, porque apenas tengo unos días de
postoperatorio.

Podía ver que estaba algo molesto, pero trató de que
no se notara. Se apartó de la carretera y se detuvo en un
pequeño parqueo de terracería para que evaluáramos nuestras opciones y decidiéramos un plan alternativo.

Primero, llamó al Airbnb para ver si había posibilidad de cancelar a última hora y obtener un reembolso.

Por supuesto, la respuesta fue que no, así que fuimos de un lado a otro, explorando nuestras opciones y pasamos valiosos treinta minutos debatiendo con nosotros mismos sobre si valía la pena perder el dinero, pero ganar tranquilidad.

—¿Qué tal volver al lago Geneva unos días más? Está a solo unas horas de casa y me sentiría mejor allí que al otro lado del país —sugerí.

Después de algún tiempo, llegamos a la conclusión de que era mejor priorizar mi salud y mi bienestar mental, dadas las circunstancias. Así que puso el coche en marcha y dio un giro de 180 grados para volver hacia la tierra del queso.

Era evidente que estaba desanimado e incluso un poco frustrado ya que acabábamos de manejar cuatro horas, solo para dar la vuelta y manejar cuatro horas más.

—Bueno, ¿no es esta la historia de nuestras vidas últimamente? ¿Empezar un viaje hacia lo que esperábamos, solo para cortarlo, dar la vuelta y volver al punto de partida? —comenté.

—¡Ja! —dijo mientras tomaba mi mano—. Y de verdad que no es broma, linda. Pero estamos juntos en esto, sin importar qué camino tomemos.

Llegamos de nuevo a la posada del lago Geneva poco después de la puesta de sol y nos registramos en el hotel. Decidimos sentarnos a descansar en el patio y pedir una margarita para relajarnos luego de un largo día conduciendo por carretera.

Mientras estábamos sentados procesando el día, me di cuenta de algo que también puede relacionarse contigo. Similar al viaje a medias que acabábamos de emprender hacia Montana, las dos veces que empecé mi camino hacia mi sueño de maternidad, el viaje se vio dolorosamente interrumpido, así que tuve que dar la vuelta y volver al punto de partida sin ningún logro que mostrar, además de la experiencia de intentarlo.

¿Alguna vez te ha sucedido algo así? Tal vez no hayas sufrido el dolor de una pérdida trágica, tal vez hayas iniciado un camino hacia la vida que anhelas, o un destino especial, solo para ver que se corta el proceso y tienes que dar la vuelta o debes empezar de nuevo. *¿No es la experiencia más absurda y demente?* Se siente como estar atrapados en una pesadilla recurrente.

Quizá tu "Montana" —tu destino deseado— es una vida en la que estás casada con tu alma gemela. Pero cada vez que empiezas una nueva relación que parece prometedora, él se vuelve pasivo, o una ruptura te sorprende, justo cuando pensabas que por fin las cosas serían como esperabas. En lugar de eso, no solo quedaste con el corazón roto, sino que vuelves al punto de partida y te toca comenzar de nuevo con las citas.

O quizá tu Montana es una vida en la que amas tu profesión, a diferencia de la que tienes ahora. Tal vez hayas

intentado poner en marcha ese pequeño negocio un puñado de veces, solo para descubrir que cada vez que empiezas te topas con un muro de ladrillos: no hay suficientes
clientes, no hay suficiente tiempo, no hay suficiente dinero, o simplemente no hay suficiente confianza. En lugar de
llegar al lugar que esperabas, con un negocio próspero en
el que puedes trabajar a tiempo completo, te encuentras
en la línea de salida… otra vez.

Quizá tu Montana sea una vida más sana y sin dolor.
Has consultado con un millón de médicos y te han hecho
casi todos los exámenes posibles. Cada vez que pruebas un
nuevo tratamiento o régimen alimenticio, ves *algún* progreso solo para descubrir que el alivio es temporal y terminas exactamente de vuelta en tu punto de partida.

Puede que tu Montana, la vida que imaginas para ti,
sea algo distinto. Pero creo que todos tenemos nuestro
Montana: el destino por el que nos esforzamos, los sueños
que esperamos cumplir y las cosas que anhelamos.

Cuando *casi* llegamos a nuestro destino, pero nos
toca devolvernos una y otra vez, el sentimiento puede ir
desde la decepción hasta la completa desesperación por
la derrota.

Debo aclarar algo: creo que todos estamos de acuerdo
en que algunas experiencias son absolutamente más difíciles y devastadoras que otras. Algunas pueden ser más
profundas o alterar más la vida que otras. Ahora bien, te
brindo varios ejemplos porque aun con experiencias muy

diferentes, quizá todos enfrentamos ciertas frustraciones o sentimientos en común. Y aunque no todos nos veamos reflejados en cada experiencia o emoción, no significa que no podamos conectarnos con la única y subyacente frustración de *casi* estar donde queríamos, solo para que algo nos obligue a empezar todo de nuevo.

Así que mi pregunta es: "¿Cómo encontramos el valor para intentarlo de nuevo cuando el largo viaje nos obliga a empezar otra vez desde el principio? ¿Cómo seguimos creyendo cuando el destino deseado —nuestro Montana— parece tan lejano o fuera de nuestro alcance?"

Ojalá hubiera una solución fácil en tres pasos para esa cuestión tan compleja. Pero ese ineficiente viaje por carretera me enseñó algo que vale la pena compartir y es lo siguiente: en el camino hacia tus mayores sueños, no cuentes con un solo tiro perfecto que dé justo en el blanco.

No cuentes con un tiro perfecto

El viaje hacia nuestros sueños más preciados y todo lo que podemos lograr porque estamos diseñados para ello: madre, esposa, líder, atleta profesional, o cualquier otra cosa, casi nunca es una vía recta o un camino tranquilo. Ni siquiera es difícil porque haya mucho viento o tenga muchos baches. Para la mayoría de nosotros, es un camino que requiere giros de 180 grados, desvíos y redirecciones. Veo mi viaje hacia muchos de los sueños que he perseguido en mi vida —casarme, convertirme en escritora, por ejemplo— y me doy cuenta de que el camino que recorrí fue accidentado, con dramáticos giros para evadir baches y desvíos hacia mejores rutas. Ni una sola de esas experiencias fue una vía recta del punto A al punto B. Algunos sueños *casi* parecían avanzar con fluidez hacia un final feliz, pero sin aviso me veía obligada a regresar al punto de partida o tomar un desvío, justo cuando creía que iba en el camino correcto para llegar a donde esperaba.

Por ejemplo, cuando mi esposo y yo nos comprometimos, él perseguía su propio sueño que era jugar en la NFL (Liga Nacional del Fútbol Americano). En cierto modo, me sentía como si estuviera persiguiendo el sueño con él. Para nuestra desgracia, el proceso no era en absoluto como el que se ve en televisión. Ya sabes, los seleccionados en la primera ronda reciben una llamada, firman un contrato multimillonario y parecen vivir felices para siempre. *No siempre es así.* Pasan muchas cosas antes y después de la firma del contrato y muchas de ellas son decepciones y sueños rotos. El proceso nos puso a Matt y a mí (y a los planes de nuestra vida) en una impredecible montaña rusa durante un tiempo. Él conseguía ingresar a un equipo de entrenamiento, pero no firmaban contrato. Luego, consiguió otro entrenamiento y sí firmó un contrato. Hasta tuvo una sudadera con su apellido impreso y fue parte del equipo en un juego de pretemporada, lo que nos dio una probadita de lo que sería el sueño hecho realidad. Entonces, cuando todo parecía ir bien, lo liberaron; es decir, que no formalizaron el convenio.

Sobra decir que planificar una boda en esas circunstancias tan fluctuantes no fue precisamente un agradable paseo por el parque. Acabamos sumergidos en un compromiso más largo de lo previsto, con tres posibles fechas para la boda y distintos posibles lugares reservados antes de que, finalmente, nos casáramos al tercer intento. Unos meses después de casarnos, Matt debía asistir a un campamento muy importante. Habría cazatalentos allí y asistir aumentaba sus posibilidades de ser seleccionado por otro equipo. Pues bien, apenas dos semanas antes del campamento, empezó a sentir un intenso dolor en el abdomen y al final lo tuvieron que operar de urgencia de una apendicitis. Después de la operación, el médico dijo que no podía hacer ejercicio ni levantar nada de más de diez libras durante cuatro a seis semanas. Bueno, *allí va el campamento por la alcantarilla*, pensamos. Aunque esa caótica temporada (llena de decepciones, rechazos e incógnitas) no fue nada divertida, nos ayudó a redefinir nuestros sueños. Nos atrevimos a preguntarnos: "¿Qué queremos realmente para nuestra vida es la NFL la única manera de construir la vida que anhelamos?".

En otras palabras, ¿la NFL era nuestro único camino? ¿O podríamos probar otro camino profesional que nos permitiera llegar a donde queríamos? Resultó que no era el único camino y ahora recuerdo con gratitud aquellos días.

Durante un tiempo, la contratación de Matt en la NFL era el destino deseado, nuestro Montana. Pero cuando empezamos a considerar lo que realmente valorábamos, nos dimos cuenta de que no era si tenía o no una camiseta de equipo con su nombre impreso. En cambio, el sueño, el destino deseado, era la vida que el fútbol podía brindar: una vida en la que tuviéramos flexibilidad, disfrutáramos de nuestro trabajo, pudiéramos tener un impacto positivo en otros y estuviéramos involucrados en una comunidad con la misma mentalidad que nosotros.

Cuanto más pensábamos en ello, más nos dábamos cuenta de que una carrera en la NFL era un camino que podíamos tomar, pero no era el destino final en y por sí mismo. Había muchas otras formas de crear una vida llena de esas cosas y fue cuando decidimos dedicarnos a una carrera empresarial. También fue cuando decidimos enchufarnos con una comunidad religiosa y de gente de negocios. En pocos años, descubrimos que teníamos la flexibilidad que esperábamos, que disfrutábamos de nuestro trabajo, que podíamos donar a causas en las que creíamos y que estábamos relacionados con la comunidad de ideas afines que deseábamos. Puede que nos hayan derribado de cierta forma, por lo que tomamos otro camino, pero terminamos llegando adonde queríamos estar.

En otras palabras, la vía que tomamos primero no resultó como se suponía, pero pavimentamos un camino diferente y creamos una vida que funciona para nosotros.

No salió como habíamos imaginado, pero eso no significa que el plan de *Dios* no saliera al final tal como se suponía.

Del mismo modo, en mi carrera de escritora me tocó mi buena parte de giros sobre mis pasos. La primera vez que presenté una propuesta de libro a editoriales, todas, una por una, dijeron que no. Pensé que tal vez me había equivocado de sueño, que tal vez no estaba hecha para escribir un libro. Así que decidí no empeñarme en que me publicaran tradicionalmente y pensé en otra manera de hacerlo. Hice una publicación de autor de un libro corto estilo devocional y me dediqué a promoverlo muy bien. Para mi sorpresa, poco más de un año después, cuando ni siquiera estaba buscando, recibí el correo electrónico de un editor. Después de varias conversaciones, tuve la oportunidad de escribir mi primer libro, *Cada día es tuyo*. Fue publicado luego de varios reinicios y reescrituras que lo convirtieron en lo que es hoy.

Aunque, evidentemente, estos son ejemplos mucho más ligeros que la historia con la que abrí este capítulo, los comparto para dejar claro un punto importante. Algunas de las cosas más preciadas y de los sueños más especiales de mi vida hasta este momento no han llegado rápido ni fácilmente. La mayoría fueron pulidos o redefinidos atravesando el infierno de los rechazos, los reinicios, los desvíos y los cambios de dirección.

De hecho, sostengo que es una bendición enorme e inesperada cuando las cosas *sí* salen hermosamente bien a la primera, porque es muy difícil que suceda. Eso no hace que lastime menos un viaje dolorosamente truncado, pero creo que nos da cierto consuelo saber que: 1) no somos los únicos a los que les sucede algo así; 2) no es el fin del camino.

Entonces, ¿qué tiene que ver todo esto con tu vida? Piensa en tu más reciente desvío o vuelta en U, en el camino hacia *tu* Montana: el destino, la vida que anhelas. ¿Qué sentiste? ¿Cómo respondiste? ¿Qué te enseñó?

Ahora, recuerda un sueño o una meta que se haya hecho realidad en tu vida. Quizás ese sueño era casarte con el amor de tu vida. Si es así, ¿conseguir lo que anhelabas fue algo fácil y en línea recta, sin tropiezos, corazones rotos ni sueños destrozados? ¿O tardaste más de lo que pensabas en conocer al hombre de tu vida? ¿O lo conociste muy temprano en tu vida, pero tuvieron que luchar el uno por el otros a larga distancia, una separación o la oposición de la familia? ¿No tuviste que besar a un par de sapos en el camino? ¿Alguien te rompió el corazón antes de que conocieras a la *verdadera* persona correcta?

Casi puedo garantizarte que si ves los caminos que has recorrido, encontrarás que cada viaje se parece bastante. El viaje hacia la vida que anhelamos suele ser más largo de lo que nos gustaría y a menudo tiene más desvíos de los que imaginamos, ¿no es así?

¿Sabes?, tal vez la frase *cliché* que tanto hemos escuchado sea verdad: "La vida se trata del viaje, no del destino".

Tal vez el secreto de la satisfacción no sea conseguir todo lo que queremos fácil y rápidamente. Más bien, ese contentamiento y felicidad toma forma con todos los momentos dolorosos que nos han quebrado y motivado a reconstruirnos —incluso cuando nos sentimos atrapados en una pesadilla recurrente— y que también nos han enseñado a perseverar todos y cada uno de nuestros días.

La fe en oposición a la lógica

De vuelta en el lago Geneva, respiré profundo mientras el sol destellaba en el agua y caía lentamente bajo el horizonte. Reflexioné sobre las últimas semanas y vi el futuro incierto con un nudo en el estómago y en la garganta. La brisa hizo que algo de cabello se soltara de mi cola y se deslizara sobre mi rostro.

—Dios, ¿dónde estás? —pregunté, con el corazón dispuesto y anhelando una respuesta a todo ese sinsentido.

Me encantaría decir que escuché: "Estoy aquí, pequeña" o "No te preocupes, aquí no termina tu historia" o "Pronto tendrás lo que anhelas, te lo prometo".

Algo, *cualquier cosa*, que me animara o me hiciera encontrarle sentido a lo que estaba viviendo.

Pero nada… Solo escuché el vacío de la brisa y el eco de las gaviotas sobre mí.

Matt se me acercó por la espalda y rodeó mi cintura con sus brazos.

—¿Estás bien?

—No estoy segura —respondí limpiando una lágrima de mi mejilla—. Siento que la fe y la lógica libran una batalla en mi interior.

Me sugirió que le explicara lo que quería decir mientras caminábamos para ir a cenar. Mientras paseábamos tomados de la mano hacia el restaurante más cercano, le dije:

—La fe dice que siga confiando, esperando y creyendo. La lógica se ríe de ella y dice: "No seas tan boba".

Quizás algo en tu vida también te haya hecho replantearte todo lo que creías cierto y verdadero. Ya sea lo que creías acerca de Dios o de otra persona o aun lo que creías sobre ti misma. Esas cosas pueden someterse a intensos escrutinios cuando lidiamos con el dolor, el desamor o sencillamente con expectativas frustradas.

Cuando te sientes traicionado, defraudado o completamente destrozado, ¿no sientes que la fe y la lógica libran una batalla en tu interior? ¿Y te parece que lo más fácil sería renunciar a todo?

Es muy duro, ¿verdad? Es como si todo *en ti* quisiera seguir creyendo, pero todo lo que *te rodea*, o lo que *te* ha sucedido, hace que seguir creyendo resulte arriesgado, peligroso, incluso tonto. A veces parece totalmente imposible o, al menos, algo inútil, aferrarse a la fe en lo que sea que Dios está haciendo cuando absolutamente nada tiene sentido. Y hace falta valor para seguir soñando cuando las circunstancias que nos rodean hacen que la vida sea más una pesadilla recurrente que un sueño hecho realidad.

Voy a ser sincera, no tengo una respuesta fácil y sencilla. No voy a acudir a una cita o a un versículo bíblico que haga desaparecer la confusión, la duda y el cuestionamiento. En esa época de pérdidas, descubrí que llenar mi mente de conocimiento no ayudaba a que mi corazón y mi cabeza estuvieran en sintonía. Hasta me preguntaba si eso no ensanchaba el abismo entre ambos, porque lo que mi mente sabía que era cierto se veía repentinamente sacudido por el profundo dolor de mi corazón.

Por el contrario, fue cuando en realidad dejé de intentar "arreglarlo" y, en su lugar, me permití permanecer en la tensión de mis preguntas, ser amada y apoyada, sentir mis emociones y le pedí a Dios que me buscara donde yo estaba, que comencé a reconciliar la fe y la lógica que parecían librar una guerra dentro de mí. Pero eso no sucedió aquella noche en esa mesa del restaurante en el lago Geneva. Ocurrió a lo largo de varios meses, mientras dejaba a regañadientes que Dios me mostrara quién era *Él* realmente, en lugar de quién yo quería que Él fuera para mí.

Así que en vez de tratar de convencer, simplemente voy a transmitir lo que mi esposo me dijo mientras comíamos y bebíamos cuando describí la batalla que libraban mi corazón y mi cabeza: "Lo entiendo. Yo también estoy luchando con eso. Pero no podemos confiar solo en la lógica.

Siempre nos empujará a abandonar la fe justo cuando es lo único que nos queda y lo que más necesitamos".

Desde ese día, he mantenido esas palabras cerca. Espero que, si estás atrapada en una pesadilla recurrente y si la lógica te grita que abandones la esperanza, de todos modos, te des permiso para aferrarte a la fe.

Porque, en verdad, después de intentar encontrar respuestas, arreglar lo que está roto y forzarnos a hacer funcionar lo que sea, descubrimos que la fe es realmente todo lo que nos queda y lo que más necesitamos.

7

Inesperadas ganancias del *indeseable dolor*

Un par de noches después de volver a casa, punzantes dolores me despertaron de un profundo sueño.

Jadeando en mi intento de tomar aire entre cada aguda punzada y sujetando mi bajo vientre en un esfuerzo por minimizar la intensidad, sacudí a Matt para que despertara.

—¡Cariño, despierta! Algo anda mal.

Encendió la luz.

—¿Qué pasa?

—¡Creo que tengo contracciones! —dije entre resuellos.

Intentaré no ser muy explícita para darte una visión general de lo que sucedió esa noche. Poco después de comenzar los agudos dolores, empecé con hemorragia. Algo andaba muy, muy mal. Se suponía que eso *no* debía ocurrir, sobre todo, después de una cirugía. Tenía casi dos semanas de postoperatorio, por lo que debería estar culminando mi convalecencia. Al contrario, justo cuando pensaba que estaba casi recuperada, parecía que empeoraba.

Matt llamó a la línea de emergencias de mi doctora. Nos recomendaron que fuéramos a la sala de urgencias del hospital si la hemorragia continuaba una hora después. También me recomendó que tomara algún analgésico y que fuera a su consulta a primera hora de la mañana siguiente.

En ese momento, meternos en el auto, ingresar al hospital y sentarnos en una sala de espera sonaba tremendamente incómodo, así que optamos por la segunda opción.

Rápidamente me tragué unas Advil con un vaso de agua mientras rogábamos que se detuviera el calvario.

Una hora después, las contracciones empezaron a disminuir, así que tenía más tiempo para recuperar el aliento entre cada una.

Finalmente, a las cinco de la mañana, el dolor agudo y punzante se había convertido en una incomodidad más bien adormecida, lo que me permitió descansar un poco. Unas horas más tarde, el dolor había cesado casi por completo y fuimos directamente a la consulta de mi doctora.

Me hizo un ultrasonido y un examen; luego me explicó lo que probablemente había pasado, asegurándome que mi cuerpo se estaba recuperando y que todo estaría bien. Me recetó un antibiótico y un analgésico más fuerte, por si acaso tenía alguna otra molestia durante los próximos días.

Aliviada porque físicamente lo peor parecía haber terminado, el peso emocional de todo ese proceso me golpeó mientras conducíamos a casa. Luchaba por aceptar que, justo cuando creía que íbamos a pasar a otra cosa, mi cuerpo me hiciera retroceder dos semanas.

—Esto está tan mal —le dije a Matt entre lágrimas.

—Lo sé —dijo él—. Pero debo decir que estoy agradecido de que no hayamos ido a Montana. No puedo imaginar qué hubiéramos hecho si esto nos pasa allá, lejos de casa y de la doctora. Me alegro de que le hayamos hecho caso a tu instinto.

Cuando llegamos a casa, pasé el resto del día descansando en el sofá. Mientras estaba allí recostada, cuestionando todo en lo que había creído hasta entonces, la pantalla de mi teléfono se iluminó en la mesa a mi lado.

Mi amiga Lexi me escribía preguntando cómo estaba.

—¿Quieres la respuesta sincera o la respuesta cómoda? —pregunté.

—La honesta, siempre —leí su respuesta.

—Muy bien, bueno, honestamente, me siento muy, muy mal —escribí de vuelta.

Luego le envié un audio para ponerla al tanto de todo lo que acababa de vivir, sin ahorrarme ninguno de los detalles gráficos que he tratado de evitar que leas.

—Oh cielos, qué traumático, J —respondió—. *Ugh*, el más profano de los partos.

El más profano de los partos. No podía imaginar una forma más precisa de describirlo. Eso es *exactamente* lo que era.

Pensé en todo lo que había sucedido la noche anterior mientras leía su mensaje. En medio del inesperado y doloroso episodio, recordé haber pensado: *Este dolor valdría tanto la pena si hubiera gozo al otro lado, como el que habría en un parto normal. Pero todo esto es literalmente para nada. Al otro lado, cuando por fin se detenga, seguirá siendo solo dolor. Es un dolor sin sentido.*

Supongo que se podría argumentar que al otro lado estaba la sanidad física y que mi cuerpo estaba haciendo lo necesario después de un procedimiento extremadamente invasivo. Sin embargo, en un momento así, cuando el dolor físico y el emocional chocan tan violentamente, no lo vemos. Sientes que todo tu mundo se desmorona. Te sientes destrozada, enojada y confundida, no logras comprender por qué, Dios santo, te ha sucedido algo tan horrible.

Tal vez te preguntes por qué rayos estoy contando esta experiencia tan personal. Sinceramente, intento no ser demasiado explícita; apenas puedo creer que esté compartiendo esto para que muchas personas lo lean. Es arriesgarse a ser vulnerable y eso da miedo. Si antes no éramos amigas, ahora ya lo somos.

Lo comparto porque, de una manera muy física y literal, parece representar una experiencia universal que creo que debemos abordar: la mayoría de nosotras tenemos nuestras propias versiones de partos profanos.

Para mí, un *parto profano* se resume en esos dolores sin una sagrada recompensa, sin final feliz luego de un extenuante, doloroso y, a veces, agonizante esfuerzo.

Antes de continuar, debo ser clara: padecer una pérdida no es algo que se pueda comparar directamente con cualquier otra experiencia. Lo digo enserio. Los asuntos de vida o muerte no se igualan con las ocasiones en las que trabajas duro y las cosas no salen bien. No creas, por favor, que es lo que estoy tratando de hacer. Estoy usando mi experiencia particular como una representación vívida de un sentimiento que se puede aplicar de distintas formas a diferentes circunstancias, pero *no* estoy comparando directamente esta experiencia individual con algo más leve, como no obtener el trabajo que deseas.

Así que, con esto en mente, continuemos. Los dolores de parto, tal y como los imaginamos, suelen conducir a una maravillosa recompensa de enorme gozo, horas de labor de parto culminan con un hermoso recién nacido en nuestros brazos. O, para dar un ejemplo totalmente diferente: trabajar duro durante largas horas bajo un sol abrasador brinda el resultado de cosechar un huerto con deliciosos frutos. Recuerda que es una metáfora para resaltar que, por lo general, cuando derramamos sangre, sudor y lágrimas por algo, tendremos el desenlace de una generosa recompensa.

Son dolores de parto normales. Dolores de parto que al final valen la pena. Los dolores de partos profanos son los que *no* dan el resultado por el cual hemos estado trabajando, esperando y orando. Es terrible cuando derramas toda tu sangre, sudor y lágrimas en algo difícil solo para terminar con las manos vacías y en una peor situación.

Además de la experiencia específica de un parto que acompaña al embarazo y al nacimiento, hay muchas cosas por las que luchamos, trabajamos y nos esforzamos durante horas, días, meses o años que supuestamente deben salir bien si aguantamos el dolor, de hecho, es lo que nos dicen todos los mensajes motivacionales. ¿Qué pasa cuando no es así?

Solía creer que ese era un principio infalible, pero ahora veo mis experiencias que involucran sueños rotos y mi visión es muy diferente. Estaría dispuesta a apostar que tú has enfrentado más de un parto profano, posiblemente muy diferente, aunque igual de frustrante.

Tal vez has intentado durante años hacer todo bien en el proceso de trabajar por un sueño, algo como convertirte en artista, médico, atleta o lo que te fascina, pero has descubierto que por más que lo intentes, terminas con el corazón roto o lidiando con una terrible frustración. Mientras procesas lo que ha sucedido, te sientas a pensar: *¿Es en serio?*

O tal vez has pasado años tratando de arreglar tu matrimonio que solo te lleva una y otra vez a chocarte contra una pared. Parece que cada vez que estás a punto de dar la vuelta en la esquina, algo te lo impide. Tal vez descubriste que tu pareja te mintió, te engañó con alguien, o no cumplió su palabra.

Tanto tiempo, trabajo y esfuerzo sin recompensa, al contrario, solo para terminar con el corazón roto.

Esto es especialmente difícil porque vivimos en un mundo que nos dice que si nos esforzamos lo suficiente y marcamos todas las casillas correctas en el orden correcto, las cosas saldrán como esperamos. Cuando la verdad no siempre es así, más bien es todo lo contrario porque nuestros mejores esfuerzos encuentran *más* dolor y sufrimiento que antes, frente a una esperanza no cumplida que fácilmente genera desánimo, desilusión, incluso depresión. No soy psicóloga ni terapeuta, pero sé por experiencia personal que cuando me desanimo, también me siento terriblemente inconforme con mi vida.

¿Por qué? Bueno, porque en lugar de experimentar una recompensa por mi esfuerzo, dolor o inversión, parece que solo experimento decepción. Naturalmente, provoca que piense: *Vaya, nada de lo que hago tiene mucho sentido ni vale la pena. ¿Verdad?*

Sin embargo, mi experiencia literal con el más profano de los trabajos de parto me enseñó algo que se relaciona con los partos metafóricos: incluso cuando no obtenemos la recompensa que esperábamos, a veces hay cierto perfeccionamiento o depuración inesperados.

A pesar de lo horrible que fue esa experiencia, me atreveré a decir que cuando reflexiono sobre todo lo que pasó desde entonces, me he dado cuenta de algo profundo. Me di cuenta de que el dolor que parecía inútil en aquel momento, en verdad no lo era. De hecho, me pulió; es decir, que me ayudó a mejorar, a perfeccionar algo, afinarlo, depurarlo al eliminar elementos no deseados. Luego de esas experiencias traumáticas, haces pequeños cambios para ser más sutil y precisa.

Por doloroso que pueda ser, pulir significa esencialmente que lo abrasivo de la decepción por cosas más leves —como perder un ascenso— y el daño por cosas más graves —como la pérdida de un ser querido o el duelo— tienen el poder de eliminar lo que distrae para que nos enfoquemos en lo más importante, aclarar nuestro rumbo y formar nuestro carácter como ninguna otra cosa.

En otras palabras, a veces, ganancias inesperadas pueden nacer de dolores indeseables. Para mi sorpresa, *he visto* ganancias muy inesperadas —aunque no eran las recompensas que deseaba— nacer de experiencias difíciles en las que mis esfuerzos parecían completamente inútiles. Quiero compartir varias de esas ganancias para animarte a descubrir que tus esfuerzos no son del todo en vano, aunque parezca que no hay recompensa.

Ganancia inesperada 1: Empatía

Una oración que he escuchado innumerables veces dice algo así: "Que Dios rompa mi corazón por lo mismo que ha roto el tuyo".

Si soy honesta, cuando mi vida era todo un éxito, no importaba cuánto orara de esa forma, simplemente no podía compartir o sentir empatía con el dolor, la ira o la frustración de otra persona. Podía sentir lástima por alguien, o reconocer que algo era duro o triste, pero no podía comprender de verdad. No podía sentir dolor *con* ellos. Estaba tan ocupada, tan metida en mi propio mundo, que aunque quisiera apoyar a alguien, mi corazón a menudo no se conmovía tan profundamente como me hubiera gustado.

Pero después de atravesar algunas de mis mayores angustias, me di cuenta de que se me saltaban las lágrimas por un amigo que experimentaba una decepción menor y un intenso dolor. Y aun cuando algo no me hacía llorar, sentía genuina compasión. Me sumergía en su experiencia en vez de apartarme. En otras palabras, me volví más empática. Tal vez porque supe de primera mano lo que se siente cuando alguien minimiza lo que uno está viviendo, porque no lo entiende o no puede dimensionarlo. Me di cuenta de lo incómodo que es inspirar lástima, en lugar de ser escuchado, apreciado y genuinamente apoyado. Con el tiempo, me di cuenta de que escuchaba más, en lugar de ignorar o desestimar el dolor de los demás.

Por extraño que parezca, a veces nuestros sufrimientos más profundos, así como nuestras experiencias *casi-pero-no-completamente* más leves nos conceden el don de ojos para ver, oídos para escuchar y corazón para amar en un mundo que nos reta para que avancemos sin distraernos, que nos quedemos en nuestro carril y nos dejemos llevar por el ajetreo sin voltear a ver lo que sucede con los demás.

En contra de la creencia popular, no pienso que busquemos realmente la aprobación o el logro en sí mismos, sino que buscamos conexión, que es la clave de la satisfacción y nace de la empatía y la comprensión. Nuestros más profundos desengaños, sufrimientos y contratiempos, por muy duros y horribles que sean, tienen la capacidad de profundizar nuestra conexión, de brindarnos más de aquello que verdaderamente anhelamos en este mundo.

Ganancia inesperada 2: Paciencia

¿Sabes que dicen que la paciencia es una virtud? Sí, bueno, como lo mencioné antes, no nací con esa virtud. Tuvo que ser forjada en mí a través del fuego. Cada vez que un deseo o un sueño casi se cumplen, paso por un ciclo de conmoción, negación, frustración o rabia, para, con el tiempo, llegar por fin a la aceptación de lo que sucedió. Cuando doy un paso dentro de la tensión de ese momento intermedio y luego avanzo finalmente a la aceptación, me vuelvo más paciente, aunque sienta que he sido forzada a ello. Logro ser más paciente con mis plazos y expectativas, con los demás y conmigo misma.

En realidad, pienso que los sueños que se interrumpen o aplazan nos duelen tanto porque estropean nuestros planes. Y para los espíritus naturalmente impacientes como el mío, es una catástrofe absoluta. Tanto es así que mi primera inclinación cuando algo se estropea es apresurarme a arreglarlo, repararlo o sustituirlo lo antes posible.

¿Te ha sucedido que te esfuerzas demasiado por lograr que algo funcione que pasas más tiempo luchando que descansando y perseverando? Me ha pasado.

Como ya sabes, no soy una experta en jardinería, pero todo buen jardinero te dirá lo importante que son un suelo fértil y el buen cuidado de la planta. Si el suelo está en malas condiciones o no ha sido bien cuidado, las plantas no crecerán ni desarrollarán su máximo potencial por mucho que las abones para que mejoren. Pensemos en un agricultor. La sabiduría ancestral decía que un agricultor debía dejar descansar regularmente sus campos. De hecho, en el Antiguo Testamento, el Señor define los tiempos de descanso para los campos. Si los agricultores no los dejan descansar —o al menos rotan los cultivos—, los suelos y los cultivos sufrirán.

Lo mismo ocurre con nosotros. Si comparamos nuestra vida con un jardín, este principio también nos aplica.

Si no permitimos que nuestro suelo descanse, si no nos tomamos el tiempo para atender las necesidades de nuestro cuerpo y nuestra alma para que se restauren, podría ser que, a pesar de nuestros mejores esfuerzos, acabemos exhaustos, atrapados en ese ciclo de lucha por resultados que parecen inalcanzables.

Después de mi trabajo de parto literalmente en vano, mi cuerpo estaba cansado. Mi corazón estaba roto y drenado de energía. Y mi mente estaba completamente abrumada, lo cual me provocó una terrible fatiga y me llevó al borde de la depresión. Por más que *quisiera* recuperar lo que había perdido, así como hacer desaparecer los sentimientos desagradables y la ansiedad de la espera —como dije, no soy paciente—, decidí hacer una pausa.

Decidí que me tomaría un *tiempo* para dedicarme a reducir la velocidad, en lugar de acelerar. En ese tiempo, iba a tratar de establecer ritmos y rutinas razonables, investigar sobre mi salud y lo que mi cuerpo necesitaba para recuperarse; simplificaría y optimizaría mi horario de trabajo, iría a terapia y realmente invertiría en mi matrimonio.

Era un reto. Pero no era una lista hecha al azar. Era una lista bien pensada; me propuse la misión de hacer una pausa, establecer límites de productividad y hacer el espacio para atender estas cosas en vez de correr hacia el siguiente objetivo, aunque ese objetivo fuera lo que más quería.

Si alguna vez sientes que, hagas lo que hagas, chocas una y otra vez con una pared, te invito a que te des permiso para hacer una pausa en tu afán.

Hacer una pausa o ir más despacio, no significa abandonar todo y meterse en la cama con un montón de Nutella escondiéndote de todo lo malo o frustrante que la vida haya puesto en tu camino. Puede que necesites hacer eso durante un minuto, un día o dos y está bien. Pero hacer una pausa no significa quedarte en ese estado. Simplemente significa dar un paso atrás y ver tu jardín; en otras palabras, revisar tu vida. ¿Qué necesita ser atendido? ¿Qué está desgastado o marchito?

¿Y cómo puedes reducir la velocidad y dejar espacio para atender esas cosas?

Las decepciones, los desengaños, el sufrimiento y los contratiempos nos invitan a bajar el ritmo como pocas cosas pueden hacerlo. Cuando todo anda a la perfección, o cuando llegamos a donde queríamos con facilidad y rapidez, conseguimos lo que queremos. Pero cuando no nos va tan bien y debemos tomar una ruta más larga o varios desvíos para llegar, a veces conseguimos lo que ni siquiera sabíamos que necesitábamos. Aunque no sea divertido o se sienta bien, en el fuego es donde se desarrollan las virtudes y se refina nuestro carácter. Para mí, en esos momentos descubro una más paciente, presente e intencional versión de mí misma.

Ganancia inesperada 3: Claridad

Ese verano, empecé a examinar todos mis sueños y metas a través de una lente más crítica, en particular analicé mis objetivos profesionales. Se hizo claramente obvio que estaba comenzando a comprometerme demasiado. También quedó claro cuáles objetivos encajaban con lo que de verdad quería lograr y cuáles no.

Como leerás con más detalle en el siguiente capítulo, a veces la adversidad puede llevarnos hacia una claridad que de otro modo no habríamos conseguido o que ni siquiera hubiéramos buscado. La adversidad, los contratiempos cotidianos y el sufrimiento que se padece una sola vez en la vida, siempre han logrado detenerme y hacer que vuelva a examinar lo que más me importa. De forma dolorosamente extraña, elimina todas las distracciones innecesarias y me ayuda a ver con más claridad.

Piénsalo. ¿Por cuál adversidad o trabajo de parto has pasado en vano? ¿o por cuáles? ¿Qué sentiste y cómo respondiste? ¿Y qué consecuencias tuvo esa experiencia, si las tuvo, en la forma en que tratas de realizar tus sueños ahora? ¿Te hizo cambiar de rumbo? ¿Hacer una pausa? ¿Reevaluar? ¿Te hace sentir miedo del futuro? Es importante reconocer estas cosas, sobre todo si ahora te encuentras en otra temporada de adversidad. Aunque pueda no ser muy placentero, la claridad que nace de la adversidad, a menudo, nos ayuda a ver que no todo fue inútil. La adversidad tiene una consecuencia sumamente valiosa y es que puede revelar cuál es el siguiente paso correcto y ayudarnos a aclarar nuestro propósito.

Ganancia inesperada 4: Rendición

En una soleada tarde de martes, estaba cocinando y conversando en una extensa llamada telefónica con mi querida amiga, Lisa Bevere. Pasó más de una hora dándome palabras de ánimo y vida mientras le explicaba todas las frustraciones y preguntas que tenía, desde la interrupción de mis planes profesionales hasta las respuestas respecto a mi salud después de mi pérdida. Hablé largo y tendido sobre los pasos que pensaba dar para resolverlo todo y ella dijo algo que realmente me impactó:

—Nenita, apoyo totalmente tu decisión de hacer lo que puedas para encontrar respuestas y tomar las mejores decisiones en todas estas áreas. Pero sé que eres una gran trabajadora y enfocada en lo que haces. Así que también quiero animarte a que, mientras das lo mejor de ti en lo que buscas, recuerdes soltar el control y simplemente dejar que Dios te ame. Solo necesitas permitir que Dios te ame.

Insertar emoticón de llanto

Cuando nos despedimos, colgué el teléfono sintiéndome aliviada y emocionada. Antes de darme cuenta, estaba en el suelo, de rodillas, con mi cuerpo doblado sobre mis piernas, con los brazos extendidos frente mí.

Está bien, me rindo. No puedo hacer esto sola, dije en voz baja, mientras las lágrimas caían al piso. *Por favor, ayúdame, ayúdame a tener la fuerza suficiente para dejar ir las cosas que no puedo controlar.*

Entonces, empecé a enumerar las cosas que quería soltar y dejar en manos de Dios.

Te entrego mi casa.

Te entrego mi matrimonio.

Te entrego mi empresa…

Mi dinero…

En un susurro, añadí: *Y te entrego a mi familia.*

Mientras las decía, apenas creía que de verdad podía liberar el control de todo eso tan valioso para mí. Ni siquiera sabía cómo sería más allá de decirlo. Pero quería soltar esa apretada atadura que el dolor y la incertidumbre habían provocado que hiciera alrededor de cada cosa importante para mí, siempre en un valiente esfuerzo por crear mi propia seguridad. Sujetarlas tan fuerte era pesado y agotador.

Seguramente permanecí en esa posición, de rodillas y con la cara en el suelo, durante un buen rato, porque cuando por fin levanté la vista, me sorprendió ver a Matt en cuclillas junto a mí, preguntando qué me pasaba. Me tomó de la mano, me ayudó a levantarme y nos fuimos a sentar al sofá.

Respiré profundamente y, por primera vez en meses, me sentí más liviana. Pude sentir físicamente cómo se liberaba la presión que sentía en el pecho provocada por la ansiedad de intentar tener todo bajo control.

Recuerdo ese momento en el piso de la cocina y puedo ver cómo una extraña e inesperada ganancia nació de ese dolor indeseado: la libertad y el alivio que se obtienen al rendir lo que no podemos controlar. Fue realmente un punto de inflexión para mí.

¿Qué tiene que ver esto con encontrar la forma de estar bien si nuestra vida no va como lo hemos planeado?

Bueno, si eres como yo, te parecerá que llegar al punto en el que te rindes es una lucha. Aunque luchar por lo importante es noble, sé por experiencia lo rápido que se puede convertir en una obsesión y en una situación a la que nos aferramos, buscando el control total que nunca tendremos. Puedes esquivar, arañar, patear, sujetarte con uñas y dientes hasta que lo único que te queda es soltar.

Considero ese momento como un punto de partida en mi camino hacia adelante. Hasta ese día, es como si estuviera girando en círculos, tratando de encontrar un millón de respuestas y de resolver las cosas completamente por mi cuenta…, pero las matemáticas simplemente no cuadraban. A partir de ese día, fui capaz de dar pasos proactivos y *productivos*, no en pánico y tensión, para avanzar en mi trabajo, finanzas y bienestar.

Así que, por incómodo que sea, estoy descubriendo que las experiencias más dolorosas —las que nos obligan a rendir nuestras esperanzas y anhelos, esos que intentamos forzar y tener bajo control— pueden ser el suelo fértil para la libertad que necesitamos al ocuparnos de nuestros sueños como debe ser.

De alguna manera, es muy posible que en la rendición sea donde comienzan la satisfacción, el éxito y el contentamiento que buscamos.

Ganancia inesperada 5: Unidad

Luego de descubrir algunos problemas de salud que desconocía antes de mis pérdidas, como una tiroides poco activa, tuve que tomar algunas decisiones sobre cómo tratar esos problemas y ayudar a mi cuerpo a seguir adelante. Un día, mientras conducía hacia una cita con la doctora y trataba de decidir si tomar o no una medicina que sugería, oré: "Dios, ¿qué debo hacer? ¿Tomo el medicamento?".

Esperaba obtener algo de paz respecto al protocolo de tratamiento que ella había recomendado. En lugar de eso, todo lo que obtuve fue: "Ama bien a tu esposo".

¿Eso es todo? ¿No me puedes estar recetando eso?, pensé. *¿Qué tiene que ver con la medicación?*

Cuanto más pensaba en ello, más me preguntaba si la decisión de tratar algún medicamento era bastante neutral y que tal vez lo más sanador para mí era comenzar por reparar cualquier división que existiera entre mi esposo y yo.

Mientras conducía, vi muy claro lo fácil que puede ser permitir que una relación preciada y sagrada como la nuestra se pusiera en piloto automático en medio del ajetreo crónico del que habíamos sido víctimas, además de la diferencia en cómo vivir el duelo, lo cual también aplicaba a nosotros. Por desgracia, a veces hace falta un trastorno, una devastación o desilusión masiva para ayudarte a ver lo mucho que te has desviado.

Al menos, ese fue mi caso.

Con una renovada determinación de cuidar lo que *sí* tenía, mientras esperaba lo que aún no tenía, decidí cuidar mi matrimonio en áreas que había desatendido por negligencia involuntaria. Unas semanas más tarde, nos sentamos a cenar y le conté lo que había estado pensando. Matt admitió que había estado pensando algo similar. Así que, en ese mismo instante, nos propusimos la misión de atendernos mejor mutuamente, en particular cuando nos sentimos frustrados y enfrentamos la tentación de hacer algo que moleste al otro.

Empezamos a implementar ese compromiso en nuestra vida diaria y aunque imperfectamente, notamos un cambio positivo en nuestra relación. Unos meses después, me reuní con una consejera. Mientras le compartía todo lo que había vivido en los últimos meses y admitía todas las frases que terminaban con signos de interrogación en vez de puntos suspensivos, ella me escuchaba, me validaba y luego me señaló algunos puntos que yo nunca había pensado.

Además, resaltó áreas en mi vida, como mi matrimonio, que evidenciaban una gran necesidad de sanidad y redención de parte de Dios: "Esa ES una historia de redención. Puede que las cosas no hayan salido como esperabas, pero esto que ahora tienes, vale la pena celebrarlo".

En esa experiencia, aprendí que a veces la redención no llega en las áreas que pensamos que debería llegar. A veces, cuando algo se rompe, otra cosa que ni imaginabas se repara, se restaura o se fortalece. A veces, el camino hacia la unidad, el crecimiento y una conexión más profunda con los que amamos —tu cónyuge, un amigo, un hermano, Dios o nosotros mismos— pasa por el fuego.

Si estás en medio de un parto profano, aunque no sea literalmente, creo que si te apoyas en esa circunstancia, si justo donde estás te sirve como punto de partida, un día —de aquí a un mes, un año o tres años— también podrías ser capaz de decir: "Por muy doloroso o largo que haya sido el camino hasta aquí, agradezco lo lejos que he llegado".

Sin dolor, no hay ganancia

Con toda honestidad, habría preferido no padecer las decepciones y las pérdidas así como el profano e inútil trabajo de parto que experimenté. Hubiera preferido no "ganar" nada de esto en mi vida. Habría sido perfectamente feliz con que mis planes salieran adelante sin tanta complicación y vivir una dicha ignorante.

Por mucho que quisiera que así fuera y por mucho que deseara que las cosas difíciles nunca sucedieran o desviaran mis planes, también trato de reconocer el poder de las ganancias inesperadas que nacieron de ese dolor.

Si no hubiera tenido una experiencia tan dolorosa, tal vez nunca habría disminuido el ritmo, ni hubiera vuelto a examinar lo que realmente me importa, ni habría desarrollado una empatía más profunda, ni me habría dedicado a mis prioridades como lo hago ahora.

Sorprendentemente, el dolor y el sufrimiento me embarcaron en un viaje de perfeccionamiento hacia una férrea disciplina enfocada en mis sueños y ambiciones, para superar mi crónica tendencia de hacer mucho y demasiado rápido, como me sucedió en los primeros años de mi carrera profesional. En otras palabras, empecé a aprender a ser dueña de mi ambición sin permitir que ella se adueñara de mí.

Así que, por difícil de formular que sea, quizás el éxito —el verdadero— no consista en siempre obtener el resultado por el cual luchábamos, sino en obtener la fuerza y el riguroso perfeccionamiento que nace de la decepción y del intenso dolor y sufrimiento como los que yo experimenté.

Antes no lo habría creído, pero hoy puedo decir con confianza que es cierto: del dolor no deseado pueden nacer ganancias inesperadas. Eso no hace que la porquería sea menos asquerosa, ni que la aflicción sea menos dolorosa. Pero sí le da cierto sentido y propósito a nuestros partos profanos. Porque tal vez son esos partos profanos los que más nos perfeccionan y consagran para recibir las bendiciones que no hubiéramos alcanzado de otra forma.

Y tal vez, solo tal vez, después de algún tiempo, podemos encontrar una manera de estar agradecidos por las ganancias inesperadas: la claridad, el crecimiento, el carácter y los momentos de perfeccionamiento que nacen hasta del dolor menos bienvenido.

8

La adversidad puede crear *claridad*

Levanta la mano si alguna vez has sentido *confusión* respecto a tus sueños. Es decir, ¿alguna vez te cuesta discernir qué sueños son realmente *tuyos*, cuáles solo suenan divertidos y cuáles son el resultado de la presión social o de la que alguien más ha ejercido sobre ti? Yo he pasado por eso. De hecho, como ya sabes, pasé por ello al punto de cerrar mi primera empresa.

Entonces, ¿cómo conseguimos la claridad que necesitamos para caminar en nuestro llamado?

Me arriesgaré a dar una respuesta honesta, pero muy poco atractiva: la acción y la adversidad. Sí, la adversidad. Mi experiencia con las expectativas frustradas, los sueños defraudados, la renuncia a cosas buenas e incluso las pérdidas desgarradoras, me enseñaron que la adversidad puede —y a menudo lo hace— crear claridad.

Nuestras historias de tribulaciones y triunfos —el dolor y los problemas que atravesamos— suelen separar el grano de la paja. En otras palabras, estas experiencias a menudo revelan nuestro propósito y rumbo, además de mostrar lo que probablemente sea una distracción.

Esto es lo que quiero decir: cuando algo por lo que has trabajado, esperado o deseado casi se hace realidad, pero luego no sale bien ¿provoca que replantees todo? ¿Incluso te hace dudar de tus sueños o reconsiderar por completo lo que estás haciendo? Eso me ha ocurrido a mí.

Cuanto más me ha sucedido, más ha provocado que me pregunte: ¿Realmente es esto algo tan terrible? ¿Podría encontrar un regalo dentro?

He descubierto que cuando estoy devastada por una desilusión o me siento constantemente atascada en ese lugar donde casi alcanzo un sueño o una meta, replantearme todo me ayuda a ganar una concentración y claridad que ni siquiera sabía que necesitaba para tener éxito.

A veces, experimentar el dolor o la frustración que conlleva la interrupción de un sueño puede ayudarnos a reconsiderar todo lo que tenemos entre manos y lo pretendemos lograr. Mientras nos estiramos como la mujer elástica, intentando ser y hacer demasiado, la sacudida de un desengaño o una decepción inesperada nos permite hacer una pausa suficientemente larga como para reflexionar de verdad, para hacernos preguntas importantes que el ajetreo hace que pasemos por alto.

Personalmente, algunos retos, como la interrupción de la carrera de Matt en la NFL, o el cierre de mi empresa SoulScripts, crearon espacio para probar nuevas alternativas que no habría conocido. Con menos cosas en la mesa, tuve espacio para despejar mi mente y enfocarla con más cuidado.

Por añadidura, una adversidad profundamente dolorosa, como mis embarazos truncados, me obligó a frenar y a reconsiderar todo lo que perseguía, en particular, profesionalmente. En el proceso, empecé a ver algunas cosas con más claridad.

Contratiempos que se convierten en ajustes

Durante mis pérdidas, me di cuenta de que muchas personas que se acercaban a expresar sus condolencias decían algo del estilo de: "No hay palabras. Lo siento mucho". "No sé qué decir".

Escuchar a amigos y familiares expresar una y otra vez que hubieran querido tener las palabras adecuadas para darnos consuelo, me resultó muy llamativo. Las palabras pueden curar, pero es tan difícil saber qué decir cuando las tragedias nos golpean.

Las palabras tienen poder. Pueden herir tanto como sanar, según cómo se utilicen. Desafortunadamente, muchos de nosotros no sabemos qué decir cuando los planes se estropean o enfrentamos el dolor. Queremos ofrecer apoyo o consuelo, pero sentimos que las palabras se quedan cortas, o tenemos miedo de decir algo inapropiado, así que mejor no decimos nada.

Entonces, mientras caminaba a través de la recuperación por la pérdida de mi segundo embarazo, empecé a considerar seriamente la posibilidad de relanzar mi compañía SoulScripts. Como estaba descubriendo que la gente no sabe qué decir y yo estaba en el proceso de reflexionar sobre las raíces que daban fundamento a mi tienda, me di cuenta de que las palabras siempre fueron mi pan de cada día y que SoulScripts es una empresa de *palabras*.

Por primera vez, vi claramente la necesidad que SoulScripts podía satisfacer. Su misión y el propósito se hicieron claramente transparentes: "Te damos las palabras cuando no las tienes".

Lo compartí con algunos amigos y con Matt y todos estuvieron de acuerdo: *eso es*.

Así que hicimos un plan para relanzar SoulScripts de una manera significativa y con una misión.

Contraté ayuda adicional y, con mi nuevo equipo de trabajo, acordamos relanzarla en octubre de 2020, catorce meses después de haber cerrado.

En esa reunión, presenté no solo la necesidad que deseaba que SoulScripts cubriera, sino también los valores, principios, visión y misión que tendría. Eso no habría sido posible si la tienda hubiera permanecido abierta todo el tiempo. Bueno, tal vez habría sido *posible*, pero no hubiéramos logrado una transición tan fluida. Es mucho más fácil empezar de cero cuando algo ha estado apagado, en pausa o inactivo, que intentar darle un giro o cambiar algo que la gente está acostumbrada a ver y con lo que interactúa de cierta manera.

Anunciamos la gran noticia apenas unas semanas antes de abrir y la respuesta fue *mejor* de lo esperado. Innumerables mujeres enviaron mensajes de gratitud y emoción, muchas con fotos de ellas con el producto original y con historias de cómo la marca las había impactado.

El 1 de octubre de ese año, celebramos nuestra gran reapertura y quedamos absolutamente sorprendidos por la respuesta. Casi duplicamos nuestras ventas de antes, construimos un equipo de trabajo a un ritmo razonable y pudimos operar con más propósito, dirección y claridad. Recibimos innumerables mensajes expresando cómo nuestro regreso y la nueva colección bendecían a las personas: amigos intentando apoyar durante una enfermedad o una pérdida, madres animando a sus hijas en épocas difíciles de su vida, mujeres que necesitaban consuelo para sí mismas en una época de soledad y mucho más.

Después del regreso inicial, fue posible crecer con la colección de ropa y también ofrecer nuevos productos como diarios que, con un enfoque de propósito, ayudan a las mujeres que navegar temporadas difíciles.

¿Por qué te comparto esta historia? Porque cuando cerré SoulScripts, pensé que me sentiría desertora o fracasada por no ser capaz de lidiar con todo. Solo cuando di un paso atrás logré salir de la confusión —donde los árboles tapan el bosque— y pude ver el panorama desde otra perspectiva.

Por extraño que parezca, lo que inicialmente se sintió como un retroceso —el cierre de la tienda— resultó ser una hermosa e inesperada configuración para esta nueva claridad y para la dirección que nació de una temporada de adversidad.

Quizá lo más revelador fue darme cuenta de que no habría encontrado este tipo de dirección y claridad de no haber sido por la adversidad. Aunque la claridad que surgió no hizo que la pérdida fuera mejor o más fácil, *sí* me ayudó a ver parte de su propósito y significado de una forma que no estoy segura de haber sido capaz de lograr en otra circunstancia.

Esta es solo una de las muchas áreas en las que empecé a ver con más claridad lo que realmente necesitaba hacer o dejar de hacer. ¿Lo ves? La adversidad logra empujarte a auditar tus sueños cuando estás arriesgándote a realizar proyectos sin un claro objetivo. La adversidad te ofrece una nueva lente o perspectiva para ver lo que haces, tus decisiones y oportunidades. Solo la adversidad puede ayudarte en el reto de aclarar tu llamado —o parte de tu vocación—, lo que de otra forma resultaría borroso.

Ganar claridad a través de la adversidad

Si te sientes atascada, insegura o abrumada permíteme desafiarte a considerar las experiencias de adversidad que has tenido. No necesitas haber padecido una tragedia o un sufrimiento intenso.

Simplemente considera tu travesía —tus pruebas y triunfos—. ¿Qué has recorrido, aprendido, superado o logrado? Si te enfrentas a la adversidad ahora mismo o si la has superado en el pasado, empieza por ahí, por esas experiencias.

La razón es que esas experiencias te dan compasión. Te enfocan en una misión más grande que perseguir arbitrariamente ideas que parecen buenas o suenan bien.

A continuación, piensa en la forma en que esto puede relacionarse con tus habilidades, tu formación y/o tu experiencia. Las palabras y la narración se han convertido en una de mis habilidades y considero que escribir es mi oficio. Lo identifiqué como una de mis habilidades fundamentales que, literalmente, me dio el banderazo de salida cuando creé SoulScripts como una pequeña tienda Etsy de mensajes escritos a mano que brindaban palabras alentadoras para el alma, allá por mis días de universidad.

La experiencia que acababa de vivir, junto con la destreza que había desarrollado con el tiempo, me reveló una oportunidad para servir a la gente y responder a una necesidad única de cierta forma que realmente me llenaría en lugar de agotarme. Solo necesité dar un paso atrás durante el tiempo suficiente para verlo con claridad.

Sin embargo, en lugar de limitarme a publicar palabras esponjosas y motivadoras, pude diseñar a mi medida la forma en que SoulScripts aprovecharía las palabras para satisfacer necesidades o resolver problemas, lo que aprendí con mi propia historia, *incluso antes* de mi final feliz.

Eso le dio un propósito que no habría tenido si todo hubiera sido fácil. En otras palabras, aunque no haya logrado o alcanzado el sueño, fui capaz de apoyarme en algo que me aportó alegría y satisfacción en ese lugar intermedio entre donde estaba y donde esperaba estar.

Ese espacio especial también está a tu disposición. Tu historia y tus experiencias te han preparado para hacer algo en particular y dedicarte a ello será satisfactorio y significativo para ti.

A medida que te ocupes de cultivar una vida que te guste —una que te traiga satisfacción, paz y claridad—, incluso antes de llegar a ese lugar donde anhelas estar, quisiera que hicieras algo. En lugar de elegir un sueño o una búsqueda que parezca impresionante o interesante, pero que en realidad sería arbitraria, examina tus propias experiencias con la *adversidad*.

¿Qué retos has enfrentado? ¿Qué problemas puedes entender personalmente? ¿Cómo puedes utilizar tus propias experiencias y combinarlas con tus habilidades y/o conocimientos para presentarte en este mundo con propósito y empatía?

Partiendo de nuestra historia y de la adversidad o los desafíos que hemos enfrentado a lo largo del camino, podemos abrirnos paso a través de toda la presión, el ruido y las opciones que claman por nuestra atención y ver con mucha más claridad cuál es nuestro llamado personal, ese que realmente nos obsequiará una sensación de gozo, satisfacción y contentamiento.

Puede que incluso descubramos que eso que buscamos está mucho más cerca de lo que pensamos y que en vez de enfocarnos en construir algo que nada más resulte exitoso, podemos construir algo que nos haga felices porque es un propósito con todo el significado para nuestra vida.

Así que si enfrentas la frustración de no avanzar, por lo que debes replantearte todo tu escenario, no olvides estas verdades:

1. la claridad, con frecuencia, se encuentra en la adversidad
2. ir más despacio o hacer menos puede ayudarte a encontrar lo que buscas
3. a veces, lo que parece un retroceso puede ser en realidad un reajuste.

Y amiga, tu historia —incluso en medio de las incómodas (y hasta dolorosas) temporadas *casi... por poquito,* de verdad importa

9

Cuando tus *sueños* se hacen *realidad*... para todos los demás...

¿Sabes lo que realmente hace difícil gozar de tu vida? Sentir que tus sueños se hacen realidad para todos menos para ti. ¿Puedo recibir un amén?

A finales de julio, apenas un mes después de nuestra pérdida, decidimos ir de vacaciones con mi familia al lago Tahoe. Después de unos días allá, estaba sentada en el borde de un muelle, mecía mis pies encima del agua del lago cuando mi teléfono sonó. Lo tomé y vi un mensaje de texto de una colega dándome la gran noticia. Estaba embarazada.

Una pelota de golf se instaló en mi garganta y casi se me cae el celular al agua. Me quedé viendo fijamente el mensaje durante un rato, incrédula. *¿Por qué siquiera me lo cuenta? ¿Y cómo se supone que debo responderle?*

Me debatía pensando qué hacer.

Si le digo que me alegro por ella, sentirá que miento porque no me siento feliz por ella en este momento. Pero no puedo decirle la verdad. ¿O podría? ¡Sería una grosería!

¿Has estado en una situación así? Me comprendes... sabes a qué me refiero, ¿verdad? Son esos momentos cuando lo que deseas y esperas, por lo que has orado todos los días no termina de ser realidad para ti, pero parece que para los demás funciona sin dificultad.

Solo unos días después de que el amor de tu vida te rompe el corazón, a tu amiga le dan el anillo de compromiso. O solo unas semanas después de que te niegan el trabajo de tus sueños, tu hermana consigue un gran ascenso.

Es como recibir un puñetazo en el estómago justo cuando pensabas que estabas recuperando el aliento.

Alguien te cuenta su gran noticia y te congelas mientras todos tus sentimientos y pensamientos cascabelean en tu cerebro.

¡Ay! Esto es muy injusto.

No estoy feliz por ti.

Pero sé que "se supone" que debo alegrarme por ti.

Sería grosero no responder.

¿Pero cómo respondo?

¡Auxilio!

Decidí que sería mejor no responder en el momento. Mis emociones estaban a flor de piel y no quería robarle su alegría simplemente porque yo no podía compartirla. Así que dejé mi teléfono a un lado, atravesé el agua con mi mirada por un momento y luego entré en nuestro Airbnb a buscar un helado.

Solo una hora más tarde, *otra* amiga me contó exactamente la misma buena noticia.

¡¿Es en serio?! ¡No me pueden dar un respiro! La envidia apareció de nuevo. Luego, la culpa por sentirme celosa se sentó cómodamente sobre esa torre de celos. Por supuesto, esa lucha interna solo empeoró el problema.

Así que le envié un mensaje a mi terapeuta para que me diera su opinión. Después de explicarle la situación:

—Me cuesta mucho alegrarme por los demás y me siento una amiga terrible —le dije.

—Alegrarse por los demás es una norma social, pero la mente no suele funcionar así en esas situaciones. Date un poco de espacio y tómate el tiempo que necesites, me explicó, validando mis sentimientos.

Alegrarse por los demás es una norma social, pero la mente realmente no funciona así.

Continuó explicando que hay muchos conceptos erróneos sobre ser feliz por alguien. A menudo asumimos que para ser felices por las personas o celebrarlas, debemos *sentir* la misma euforia que ellos. Pero no siempre es tan fácil como parece. En cambio, podemos mostrar nuestro apoyo sin *sentirnos* necesariamente eufóricos ni con ganas de hacer una gran fiesta en su honor. En otras palabras, es posible ayudarlos sin dejar de sentir tristeza, confusión o desánimo. Ambas cosas pueden existir simultáneamente y, a veces, para apoyar auténticamente a quienes amamos, necesitamos dar un paso atrás.

Siempre había pensado que la *única* respuesta apropiada era corresponder a la felicidad con el mismo nivel de emoción. Tal vez sea lo que se espera que hagamos, pero también quería encontrar la reacción más genuina y saludable.

Además, como tuve una educación religiosa, estaba familiarizada con el versículo que dice: "Alegraos con los que se alegran y llorad con los que lloran".

Solo que no estaba segura de cuál era la respuesta apropiada cuando te lamentas por lo mismo que otro se alegra. ¿Se supone que debes saltar con ellos, incluso si eso parece poco sincero? ¿Existe una manera de apoyar la dicha de otros sin ignorar o negar los verdaderos sentimientos que esa alegría te provoca?

Me pregunto si obrar según este principio —que podemos reconocer nuestros sentimientos de dolor en vez de responder con un falso mensaje de alegría— podría haber evitado años de resentimientos acumulados o de celos ocultos, al darnos permiso para validar nuestros sentimientos y tomar el espacio que necesitamos.

Por mensaje de texto, podemos esperar un poco para responder mientras ordenamos nuestras ideas. En persona, podemos felicitar y luego procesar el dolor.

Por primera vez, me di permiso para no forzarme a fingir la felicidad porque eso era lo que se esperaba. Me tomé un poco de tiempo para superar el golpe inicial, de modo que al final *pudiera apoyarlas de verdad*, aunque fuera desde la distancia.

Por casualidad, mi hermano pasó por ahí.

—Oye ¿por qué tan triste hoy?

—Ah, hola. Solo un poco desanimada.

—Bueno, ¿qué te haría *no* estar tan desanimada?

Me encogí de hombros.

—No lo sé. Tal vez comprar una enorme balsa inflable en algún lugar, para flotar en el lago y desenchufarme el resto del día.

—¡Hagámoslo! —me animó con una enorme sonrisa en su cara.

Así que nos subimos a la camioneta y fuimos a la ferretería local y a unos supermercados para ver si tenían algo así. Negativo en ambos lugares. Probamos en otra tienda y tampoco.

—Vaya, ¿quién iba a saber que las balsas inflables serían tan populares por aquí? —bromeé cuando nos íbamos y mirábamos el enorme lago al otro lado de la calle.

Haciendo el último esfuerzo, nos detuvimos en una tienda que se nos cruzó por el camino. Para nuestra sorpresa, ¡sí tenían balsas inflables!, aunque no eran exactamente como yo pensaba.

—Bueno, Jord —me preguntó—, ¿quieres el flamenco o el unicornio?

Lo pensé un momento. *Definitivamente* el flamenco.

El empleado tuvo la amabilidad de inflarlo, así que pasé el resto de la tarde flotando bajo el sol sobre un gran flamenco rosa, sorbiendo una bebida fría.

A pesar de lo débil que estaba mi fe en ese entonces, también hablé un poco con Dios. Admití la amargura que sentía cuando me comparaba con otras mujeres. Pedí ayuda para creer que, incluso cuando no tuviera sentido, Él estaba escribiendo una historia hermosa y significativa, *no solo* para otras personas, sino también para mí.

¿Eso me quitó el dolor o la decepción? No.

¿Hizo que la situación se sintiera más justa? No, en absoluto.

¿Quieres saber lo que *sí* hizo?

Me ayudó a recordar el panorama general justo en el momento cuando sentía que todo era injusto y creí la mentira de que el sueño de todos se hacía realidad, menos el mío.

¿La lección? No necesitas fingir que todo está bien y que no te molesta una situación que te parece injusta o irritante. A veces, lo mejor que podemos hacer es darnos un momento, serenarnos, respirar profundo y confiar en que esa situación a mitad de camino no es el final de nuestra historia.

Mientras se ponía el sol esa tarde, escribí una respuesta a mis dos amigas: "Muchas felicidades, amiga. Qué momento tan emocionante para ti. Quiero ser sincera y compartirte que esta es una temporada difícil para mí, y no quiero proyectar ningún sentimiento negativo en un momento de tanta alegría y celebración para ti. Ten presente que te quiero y te apoyo desde la distancia".

Añadí un par de emoticones de corazón, pulsé EN-VIAR y contuve la respiración porque de inmediato aparecieron tres pequeños puntitos indicando que estaban escribiendo una respuesta.

¿Adivina qué pasó?

No se ofendieron ni se molestaron. De hecho, ambas respondieron comprensivamente, incluso con *gratitud* por mi respuesta tan auténtica.

¿Qué te parece?

En situaciones como estas, pienso que con frecuencia creemos que debemos forzar un sentimiento, aunque no sea auténtico.

Ese día supe que cuando nos clavan el aguijón de ver que nuestro sueño más querido se cumple en la vida de otra persona, es posible apreciar su alegría y ser honestos con nuestros sentimientos, sin que nadie se sienta culpables por lo bueno que está sucediendo. Cuando sientas que eres la única persona atascada en medio del camino y parece que todo el mundo a tu alrededor ya pasó a la siguiente etapa, concédete un poco de gracia y favor, además, cuando sea posible, date tu espacio. Flota sobre un gran flamenco rosa si es necesario. Por muy difícil que sea, intenta ver lo que sucede como algo más que un recordatorio de lo doloroso. Atrévete a pensar que también puede ser un recordatorio de lo que sí es posible.

El otro lado de la trampa de la comparación

Unos meses después, una tarde de principios de agosto, estaba sentada en mi patio trasero sorbiendo limonada e intentando broncear mis muslos, cuando me vino a la mente un pensamiento peculiar.

He pasado tanto tiempo en el último mes comparándome con otras y sintiendo que me dejaron atrás, pensé. Pero me pregunto si algunas mujeres han visto mi vida, como yo veo las de ellas, se han comparado conmigo y sienten que se han quedado atrás en otros aspectos.

Pensé en mis amigas solteras que a menudo comentaban que desearían conocer a un chico decente. ¿Cómo se sentirían el día de mi hermosa boda? Me pregunté si se sentían un poco como yo en ese momento, comparándome con mujeres que tienen lo que yo más anhelo.

Pensé en mis amigas que se sentían insatisfechas profesionalmente. Me di cuenta de que probablemente comparaban sus carreras con la mía en algún punto. Estoy segura de que era duro para ellas cada vez que yo hablaba de los retos en mi trabajo soñado.

Tomé mi teléfono y envié un mensaje de texto a algunas amigas para preguntarles acerca de esto y pedirles que confirmaran o rebatieran mi hipótesis. ¿Eran correctas mis conjeturas o solo eran válidas en mi cabeza?

Para mi sorpresa, las confirmaron. Una de ellas, de hecho, había sentido que yo la rebasé en el departamento del amor y otra sintió que en su desempeño profesional no había logrado nada comparada conmigo.

Vaya, pensé, todos estamos haciendo literalmente lo mismo, solo que de diferentes maneras.

Nadie está quedándose atrás; simplemente estamos en lugares diferentes. Muchas amigas con mil hijos no han experimentado la realización personal y la alegría que mi profesión me ha dado. Otras amigas no han encontrado a la pareja adecuada, o su corazón ha sido destrozado por la persona con la que pensaban quedarse para siempre.

Así como yo sentía que me había quedado atrás en un área de la vida en particular, a mi alrededor hay mujeres que sienten haberse quedado atrás en otro aspecto de la vida.

Poner las cosas en perspectiva de esta manera me enseñó algo que quiero compartirte. Guarda esto en tu bolsillo y revísalo cuando mires a tu alrededor y sientas que tu sueño se está haciendo realidad para todos menos para ti: es importante recordar que cada uno de nosotros tendrá que luchar en esta vida. Será en diferentes momentos y de diferentes maneras, pero nunca se nos prometió una vida fácil o perfecta, aunque la sociedad, los medios de comunicación y las redes sociales tienden a gritar "puedes tenerlo todo", haciéndonos creer que tenerlo todo nos hará sentir completos.

La verdad es que no podemos tenerlo todo al mismo tiempo. Puede que haya temporadas en las que tenemos a la familia que queremos, pero todavía no podemos costearnos la casa con la barda blanca o no avanzamos tan rápido en nuestras aspiraciones profesionales. Puede haber un tiempo cuando avanzamos en nuestro trabajo, pero todavía no compartimos nuestra vida con el esposo de ensueño o con los hijos perfectos. Todo se va dando en fases, amiga. Y esas fases son un poco diferentes para cada una.

Así que, en lugar de compararnos para descubrir a quién le va mejor o peor, o en vez de preguntarnos si vamos atrasadas con algo, tal vez lo mejor sea recordar que nuestra época de sufrimiento, de espera, llega en diferentes momentos. Para algunas será en la infancia, para otras será a los veinte años y algunas se enfrentarán a sueños y corazones rotos más tarde en su vida.

La conclusión es que todos nos enfrentaremos a esa época en algún momento; nadie es inmune a los procesos incómodos. Ni siquiera la mujer que considera su vida como perfecta. Tal como yo lo experimenté con la sensación de tenerlo todo y tenerlo todo junto, que puede hacerse trizas literalmente en un abrir y cerrar de ojos.

La comparación con las experiencias de los demás solo te roba tu propia experiencia. Descalifica tus emociones, inhibe tu proceso y el recorrido hacia lo que anhelas: tu objetivo en la vida. Fijarse tanto en lo que está sucediendo en la vida de otra persona también te impide ver lo que sucede en la tuya y en la forma que Dios trabaja en ella.

Cuando tu "plan perfecto" se enfrenta a un obstáculo doloroso, puedes enfocarte en el obstáculo y compararte con la vida de quienes no deben afrontar algo similar. O puedes enfocarte en tu vida y celebrar lo lejos que has llegado a pesar de dicho obstáculo.

Por supuesto, la pregunta se convierte en: "Muy bonito todo, pero ¿cómo lo hago? Sobre todo, cuando todo anda mal en mi mundo".

No te has rezagado

Cuando la vida resulta radicalmente injusta, brota la envidia. La envidia lleva a la amargura. Sin control, crece como una hierba que ahoga nuestro crecimiento. En vez de florecer donde estamos, empezamos a sentir que nuestras circunstancias nos ahogan y limitan. Desde luego, nos asomamos a ver lo maravillosa que parece la existencia de otra persona, notamos cómo parece florecer sin esfuerzo y antes de darnos cuenta, la amargura nos hace creer la mentira de que nos hemos rezagado.

Desde aquel día en el lago Tahoe, he tenido que esforzarme constantemente para recordar que una vida satisfactoria y valiosa no consiste en llevar la delantera o en llegar primero. Al contrario, se trata de elegir proactivamente florecer donde estamos, aferrarnos a la fe en el futuro y creer en la verdad de que el éxito de otra persona en un aspecto particular no implica mi fracaso.

Lo sé, suena bien en teoría, pero parece imposible en la práctica. Sinceramente, no he descubierto cómo reprogramar o cambiar mis sentimientos al respecto. Imagino que tú tampoco. No es tan sencillo como decir: "No importa, ya no quiero sentirme así".

Por eso, elegir activamente es algo más que solo decidir sentirse de otra manera. Es pasar a la acción. No es simplemente decidir cambiar nuestros sentimientos, sino cambiar nuestro objeto de atención y permitir que nuestros sentimientos cambien como consecuencia de ello. Por ejemplo, cuando empezamos a sentir envidia, rezago o descontento, elegir hacer algo que nos resulte agradable y nos dé vida —como preparar nuestra bebida favorita, leer cómodamente un libro, hacer voluntariado, o planificar una divertida cita doble—, nos puede ayudar a cambiar nuestro objeto de atención de "me quedé atrás" a "voy a encontrar maneras de ser feliz porque me *gusta* mi vida".

En otras palabras, puede hacer una gran diferencia la forma en que cuidamos el terreno donde estamos plantados cuando las expectativas frustradas y los sueños rotos nos hacen sentir rezagados.

Cuando me desanimo y me digo a mí misma: "Te estás quedando atrás en...", empiezo a creer la mentira de que se me está acabando el tiempo. Enfocar mi atención en lo lejos que creo estar de cumplir una etapa me genera una sensación bastante miserable, pero cuando aparto la mirada de los tiempos que tenía previstos y dedico mi energía a lograr que mi vida sea agradable —jardinería, voluntariado, escribir un diario, cocinar, flotar en un lago, etcétera— experimento la sensación de éxito y satisfacción que estoy buscando y que solo creía encontrar cuando alcanzara una etapa importante.

Reconozco que no siempre lo logro. Pero cuando lo hago, puedo sentir físicamente el cambio que produce. Me siento más liviana, más viva y satisfecha. Si tus circunstancias te han hecho sentir que te quedaste atrás, te motivo a que tú también reenfoques tu energía.

Tres preguntas me ayudan a tomar activamente la decisión de cuidar mi vida cuando empiezo a sentir que me rezagué:

1. ¿Comparada con quién?
2. ¿Cuál es ahora mismo ese deseo insatisfecho en mi vida?
3. ¿Cómo puedo atender los deseos de mi corazón incluso antes de que un sueño se cumpla?

Desempaquemos cada una de estas preguntas.

1) ¿Comparada con quién?

¿Con quién me estoy comparando y cómo hago para examinar el panorama más completo? Cuando hago *zoom* a la imagen, alejándome del área o del asunto que me genera esa fijación, suele suceder que la persona o las personas con

quienes me comparo tienen la misma sensación de caren-
cia en otra área.

Cada vez que creas la mentira de que estás rezagándote, considera con quién te estás comparando y cómo.
Luego, toma distancia para ver la imagen *completa*, no solo
en el área específica en la que te sientes rezagada y tal vez
descubras que tu percepción no es la verdad completa.

2) ¿Cuál es ahora mismo ese deseo insatisfecho en mi vida?

No enfoques tu atención en la cosa específica o el sueño
que deseas que se cumpla, sino que concéntrate en el deseo
más profundo que lo incluye. En otras palabras, si tu sueño específico es casarte, entonces el deseo más profundo
probablemente es encontrar el amor y la compañía perfecta. Si el sueño específico es alcanzar el siguiente nivel
en tu profesión, entonces el deseo más profundo puede
ser crear o lograr algo trascendente. Si tu sueño específico
es que tu familia crezca, el deseo más profundo puede ser
nutrir y cuidar.

La lista podría continuar, pero estoy segura de que ya
captaste la idea. Cuando te comience a invadir el descontento de sueños casi cumplidos, por atención al deseo insatisfecho que es la raíz de ese sueño. Esto es decisivo para
entender el tercer paso.

3) ¿Cómo puedo atender los deseos de mi corazón incluso antes de que un sueño se cumpla?

Aunque esos deseos todavía no se cumplan específicamente, o en el plazo que esperábamos —casarte, tener un bebé, construir una carrera significativa desafortunadamente no son cosas que fácilmente podemos tomar de la estantería en una tienda—, *podemos* ocuparnos de ellos de otras maneras mientras llega el momento.

¿Será exactamente lo mismo que si nuestro sueño específico se hiciera realidad? Por supuesto que no. Pero he comprobado que vale la pena hallar una forma de avanzar en vez de desanimarnos y compararnos.

Por ejemplo, unos meses después de mi segunda pérdida, sentí una profunda y frustrada necesidad de cuidar y nutrir. Fue realmente duro. Después de un tiempo, empecé a preguntarme: *¿Qué puedo atender y alimentar?* Entonces me volqué en mi salud y en mi matrimonio, además de comenzar a cultivar mi jardín.

Te lo comenté en el primer capítulo. Fue el huerto que fracasó miserablemente en lo relacionado con la cosecha, pero me permitió satisfacer mi necesidad en esa temporada. Aunque no era en absoluto la forma en que había planeado dedicarme a la crianza, fue una forma enriquecedora de obrar mientras tanto.

Los detalles pueden ser diferentes para ti. Digamos que algo surgió en tu vida personal que echó por tierra tus planes de dedicarte profesionalmente a la música. Tu deseo de componer canciones y escribir letras con ritmo quedó en suspenso. ¿Significa que no puedes crear? En absoluto significa eso. De hecho, durante un tiempo, podrías crear algo distinto a lo que pensabas. Es posible que puedas cumplir ese deseo trabajando como voluntario en un campamento musical de verano para niños con limitaciones económicas, dirigiendo la alabanza en las reuniones de jóvenes de tu iglesia, o haciendo alguna otra cosa que también encaje con ese sueño y sea significativo para ti.

Cuando parece que tu sueño se cumple para todos los demás menos para ti, el objetivo no es fingir que todo anda bien y que estás de maravilla. El objetivo es tener un plan de acción para evadir con éxito los golpes en el estómago y librarte de la mentira de que estás rezagándote. Hacerlo nos permite estar presentes, con los pies sobre la tierra y contentos en ese santo lugar que nos fue asignado para crecer en este momento.

Mira, el hecho de que no hayas llegado adonde querías no significa que estés en un callejón sin salida. Simplemente, estás en un divino terreno intermedio. Anímate a encontrar formas enriquecedoras de obrar mientras tanto, incluso cuando sientas que te atascaste entre tu punto de partida y el lugar a donde esperas llegar.

10

Sacar de raíz las *mentiras* que has creído

Cuando algo va completamente mal en tu vida, ¿alguna vez te sorprendes viendo a la izquierda y a la derecha y notas que todos parecen avanzar más fácil? Entonces piensas: *Ugh ¿por qué yo? ¿Por qué me pasa esto a mí?* Si pudieras verme ahora mismo, descubrirías que levanto tímidamente mi mano.

Seguro que tú también te lo has preguntado en medio de tu circunstancia. Cuando eligen a otra persona por tercera vez consecutiva para un ascenso en tu trabajo, tal vez te hayas preguntado: *¿Por qué?*

O cuando descubres que un empleado te ha estado robando o actuando a tus espaldas y ves el negocio que parece perfecto de tu mejor amigo, te preguntas: *¿Por qué me pasa esto a mí?*

Puede ser tuvieras una infancia difícil y sientas que siempre estás un paso atrás de tus compañeros. Cuando los días se hacen largos, o ves que otro parece avanzar por la vida como impulsado por una suave brisa, puede que mires tus rudos antecedentes y te preguntes: *¿Por qué yo?*

También se aplica al sufrimiento. Si tienes una enfermedad o una lesión y todos los demás en tu comunidad o de tu misma edad parecen estar sanos, es posible que sientas la tentación de preguntarte: *¿Por qué a mí?*

Si has sufrido o experimentado una pérdida que pocos de tus contemporáneos pueden realmente entender, es posible que también te hagas esas preguntas.

Estoy segura de que si te late el corazón en el pecho —si eres un ser humano—, en algún momento te has hecho una de esas preguntas que retan la respuesta del destino.

Por supuesto que es natural cuando nos sentimos rezagados, heridos o desanimados. Pero también sé que podemos quedar atascados en esas interrogantes. Si no tenemos cuidado e insistimos, podemos caer en una espiral descendente que no nos lleva a nada bueno. Entonces se vuelve aún más difícil avanzar con la tenacidad que necesitamos para volver a levantarnos, mantener la esperanza y seguir ocupándonos de lo más importante.

¿Por qué no a mí?

Una tarde de invierno, mi amiga Mel vino a casa a pasar el rato con nosotros. Trajo la cena y una botella de vino para compartir. Nos sentamos en la mesa de mi cocina a conversar durante horas. Después de ponerme un poco al día sobre su vida, me miró a los ojos, me puso la mano en el brazo y me preguntó:

—Y *a ti*, ¿cómo te va?

Mel no es alguien a quien pueda mentirle. Pensé en varios casos del último año en los que me sentí defraudada, incluso profundamente herida, siendo la pérdida solo uno de ellos. Le dije que me había estado preguntando: *¿Por qué yo?*, muchas más veces que en el pasado.

—No tiene sentido. Sé que probablemente nunca sabré la respuesta, pero quiero saber por qué ciertas cosas han sido mucho más difíciles recientemente. ¿Por qué será que tantas cosas han quedado boca abajo y se han convertido en dolores profundos? Cada vez que creo finalmente tener un respiro, parece que algo más se desvía —le dije.

Mel pensó en mi pregunta durante un minuto antes de responder.

—Sé que no hemos pasado por las mismas cosas —dijo, mientras sorbía su moscato—, pero yo también me he preguntado eso frente a la soltería. A menudo miro a otras parejas felices y pienso: "¿Qué estoy haciendo mal? ¿Por qué no me pasa a mí también?".

Ufff. Al menos ella no piensa que estoy loca, pensé aliviada.

—Pero Dios nunca dijo que la vida sería justa o fácil para ninguno de nosotros —continuó diciendo—. Esa es la realidad de vivir en un mundo fracturado. Y por mucho que desee que no te ocurran cosas así de duras, una parte de mí también se pregunta: "Bueno, ¿por qué *no* a ti, J?".

No estaba segura de lo que quería decir. Entonces, con una mirada escéptica, le pedí que continuara, mientras me servía un poco más de pasta con mantequilla.

—Es que no creo que nada de esto carezca de sentido. Odio que hayas tenido que pasar por tanta decepción y angustia, pero no puedo evitar creer que esas experiencias de tu historia servirán para crear un cambio positivo en el mundo. Así que, por desagradable que sea ¿por qué no a ti? ¿Por qué no a mí? No tenemos derecho a nada, en realidad. Dios puede y saca cosas hermosas de nuestros contratiempos, luchas y sufrimientos.

La abracé y agradecí sus palabras. Limpiamos la cocina y charlamos un rato más antes de que se fuera.

Resultó que tenía razón. Como ya te lo conté, de ese sufrimiento nacieron ganancias inesperadas y claridad. Entonces, ¿por qué te lo menciono ahora? Porque me impresionó cuando Mel le dio la vuelta a la pregunta y preguntó: "¿Por qué no a ti?".

Me convenció de la manera más acertada.

Vale señalar que Mel lo dijo varios meses después de algunas de mis desdichas, por lo que pude recibir el comentario. Si me lo hubiera dicho al día siguiente de mi pérdida, o cuando mi negocio era un caos por el cambio de planes al inicio de la pandemia, no lo hubiera recibido igual. No hubiera apreciado un punto de vista como ese, aunque fuera acertado.

Así que si te estás tambaleando por una desdicha reciente ya sea una pérdida profundamente dolorosa o simplemente un caos inconveniente, puede ser que esas palabras no encuentren eco en ti. Y está bien. En este momento, no tienen por qué hacerlo. A veces, solo cuando tenemos tiempo para procesar nuestras experiencias y retomar nuestro avance es que podemos recibir una exhortación así. De lo contrario, no se sentiría como una motivación.

Así que escucha esto. Más tarde esa noche, me metí en la cama y abrí un libro que había estado leyendo, *Recibir la gracia escondida*, de Jerry Sittser, en la página que me tocaba. Devoré varios capítulos hasta que llegué a un punto que me detuvo en seco. El capítulo 9 literalmente se titulaba "¿Por qué no a mí?".

Tuve que volver a leerlo para asegurarme de que mi cerebro no me estaba engañando. Tan claro como el agua, el título seguía diciendo: *¿Por qué no a mí?*

No puede ser.

Me zambullí a devorarlo. El capítulo esencialmente se enfocaba en que la vida no es justa —algo parecido a lo que Mel y yo habíamos hablado horas antes— y el autor describía su propia lucha con la pregunta "¿por qué a mí?", cuando atravesaba sus épocas difíciles.

Era más de medianoche, pero seguí leyendo, empapándome con cada palabra. El párrafo siguiente confirmaba todo lo que Mel me había dicho:

«Una vez escuché a alguien hacer la pregunta contraria: "¿Por qué no a mí?". No era una pregunta fatalista porque él no es una persona fatalista. La hizo después de que su esposa murió de cáncer... No podía explicar ni por qué su vida se había vuelto mala ni por qué su vida había sido tan buena hasta ese momento. ¿Eligió crecer en una familia estable? ¿Tenía control sobre dónde nació, cuándo nació o con quién nació? ¿Determinó su altura, su peso, su inteligencia y su aspecto? ¿Era mejor persona que un bebé nacido en una familia pobre de Bangladesh? Llegó a la conclusión de que gran parte de la vida solo sucede; está fuera de nuestro control... "¿Por qué a mí?" parece ser la pregunta equivocada. "¿Por qué no a mí?" se acerca más a la realidad, cuando vemos cómo vive la mayoría de la gente... ¿Puedo esperar vivir libre de decepciones y sufrimiento? ¿Sin pérdidas ni dolor? Esa expectativa me parece no solo poco realista, sino también arrogante.»

Dejé el libro y traté de digerir el peso de esas palabras. Tal vez me estuve haciendo todo el tiempo la pregunta equivocada. Tal vez, pensé, tenía que empezar a preguntarme: "¿Por qué no a mí?".

El libro que estaba leyendo fue escrito a propósito de una experiencia mucho más profunda y compleja que una simple decepción, pero el párrafo que cité puede aplicarse a varios tipos de decepciones y desilusiones más leves que pueden sujetarme a una mentalidad de víctima cuando pregunto: "¿Por qué a mí?".

¿Por qué siempre parece que algo sale mal cuando intento empezar un nuevo proyecto? ¡Parece tan fácil para los demás!

¿Por qué mi esposo no parece notar y expresar su aprecio por mis esfuerzos para mantener un hogar sano y ordenado de la manera que yo quiero que lo haga?

¿Por qué tengo una piel tan sensible y me sale acné de la nada, aunque haga todo lo posible por comer sano?

Cuando operamos desde el lugar: "Merezco que X, Y o Z funcione en mi vida", o desde "Debería ser fácil o exactamente como quiero que sea para mí", ya sea para algo tan simple como un ascenso o algo tan sagrado como nuestras relaciones y familia, olvidamos un punto de vista importante. Desde la óptica bíblica, realmente no *merecemos* nada bueno. Sé que es difícil de escuchar, pero cuando vemos a nuestro alrededor todas las bendiciones que inexplicablemente nos han tocado en la vida y al mismo tiempo vemos las circunstancias de tantos otros que sufren, ¿cómo se nos puede ocurrir que nos han robado?

Cuando medito en esta frase a la luz de mis propias experiencias, casi me hace pensar: *¿Por qué las situaciones realmente duras o frustrantes les ocurren a otros y no a mí?*

Esto no provoca que ciertas carencias duelan menos, ni invalida sentimientos muy reales cuando la vida nos sacude hasta los huesos. Sin embargo, nos enseña a ver desde el punto de vista de la abundancia y la gratitud en vez de la escasez. Si descubres que te estás preguntando: ";Por qué a mí?". Te animo a que inviertas la perspectiva y empieces a preguntarte: ";Por qué no a mí?".

A veces necesitamos someter a la prueba de la realidad nuestra creencia de que las cosas difíciles o decepcionantes solo deberían ocurrirles a otros. Como señala Jerry, esa es una forma de pensar bastante arrogante. Todos tendremos que cargar algunas cruces. En un mundo que te dice: "Puedes y debes tenerlo todo", creo que Dios está más interesado en aquellas cuestiones firmes y sagradas en las que debemos apoyarnos.

Tenemos la responsabilidad de hacernos cargo de nuestras dificultades, luchas y sufrimientos y no huir de ellos, sino utilizarlos para bien. Para ser sincera, no dejo de preguntarme si el dolor que sufrimos y las decepciones que enfrentamos podrán ser la tierra fértil donde nace algo más que sueños. De hecho, tal vez en esos lugares nos toca descubrir nuestro llamado o encontrar la forma de cultivar una vida que no solo pretenda ser fácil, sino que deje un legado.

Arranca las mentiras de raíz

Aparte de la pregunta ";por qué a mí?", cuyas raíces se arraigan en nuestra equivocada creencia "yo debería ser inmune a lo difícil o injusto", surgen otras actitudes cuando la vida te derrota o perturba tus sueños.

Mi terapeuta me dijo una vez: "Ten cuidado con lo que te dices a ti mismo y sé consciente de los pensamientos que albergas. Solo hacen falta doscientos pensamientos para dar forma a una creencia".

En otras palabras, si pienso *esto nunca funcionará para mí* doscientas veces, esa idea se solidifica como una creencia en mi corazón.

Me explicó que cuando una idea se convierte en una creencia, es mucho más difícil que logremos eliminarla porque echa raíces. Como si se convirtiera en una monstruosa maleza en tu jardín que cuesta muchísimo trabajo eliminar para que crezcan otros frutos saludables.

¿Alguna vez has dejado que las mentiras de las comparaciones o una mentalidad de víctima echen raíces en tu vida, a través de pensamientos como: *Esto nunca saldrá como quiero* o *Simplemente no me va a suceder a mí*. Si con honestidad respondes que sí, estás en buena compañía. Yo también me declaro culpable.

¿Quieres saber qué me ayudó? Arrancar mala hierba.

No lo digo con gracia metafórica. Lo digo literalmente.

Permíteme explicarte. Un fin de semana al final del verano, Matt y yo nos dimos cuenta de que necesitábamos ponernos al día con trabajos de jardinería que habíamos descuidado durante toda la temporada. Nuestra propiedad había empezado a parecer abandonada. Así que empezamos con los pequeños sembrados que había por aquí y por allá. Por alguna razón, los dueños originales de nuestra vieja casa pensaron que era una buena idea poner miles de sembradillos por toda la propiedad de tres acres, un poco más de una hectárea. Bueno, tal vez no eran miles, pero sí muchísimos. Por supuesto, era un dolor de cabeza darles mantenimiento y no habíamos tenido tiempo para ocuparnos de eso.

Muchas de las malas hierbas ya eran tan altas como yo, así que me puse unos guantes de jardinería y comencé a trabajar. Al principio, algunas salían de la tierra con un pequeño tirón, pero luego me topé con algunas verdaderas bestias que habían desarrollado unas tremendas raíces como las que sostienen a un arbolito. Por mucho que halaba, algunas se negaban a salir.

Mientras tiraba y tiraba de la mala hierba con todas mis fuerzas, usando cada músculo de mi cuerpo, decidí hacer algo especial. Decidí asignarles una mentira que me había creído y que había empezado a echar raíces en mí.

—Esta hierba enorme es la mentira de que mi cuerpo me traicionó —dije a nadie más que a mí misma, mientras pensaba en las pérdidas que había sufrido y usé cada fibra de mi ser para darle un último y decidido tirón.

Llena de energía y determinación por arrancar esa endemoniada mentira, las raíces de la hierba empezaron a desgajarse. Jalando con apenas un poco más de fuerza, las raíces se desprendieron del suelo tan rápido que casi me caigo de espaldas.

¡No lo podía creer! ¡Las saqué! Escuchando música a todo volumen con mis audífonos, bailé ahí solita para celebrar el logro. Cuando vi hacia el camino de entrada, descubrí a Matt con su gorra de béisbol al revés sacudiendo la cabeza, riéndose de mí.

Hice lo mismo con las demás hierbas fastidiosas.

Esta es la mentira de que Dios se olvidó de mí.

Esta es la mentira de que soy un fracaso.

Esta es la mentira de que fue mi culpa.

Esta es la mentira de que mis proyectos y negocios siempre se quedarán cortos.

Esta es la mentira de que mis sueños están condenados a terminar en decepción.

Y así seguí…

Cada vez que le asignaba una mentira a una mala hierba, sentía que una fuerza sobrehumana me permitía sacarla.

Algunas exigieron una verdadera lucha, pero el significado de lo que estaba haciendo me dio el coraje y la determinación para no rendirme hasta que conseguí arrancarlas todas.

Cuando el sol empezó a ocultarse en el horizonte, me dolía la espalda y tenía la camiseta cubierta de sudor.

—¡Vaya, alguien ha estado trabajando duro! —dijo Matt cuando terminó de cortar el césped.

—¿Quién iba a imaginar que arrancar maleza podía hacerme sentir tan poderosa? —le respondí sonriendo.

Por primera vez en meses, había recuperado mi fuerza. No me sentía como una mujer débil y sin recursos, vencida por la desesperación o enredada en las mentiras que había creído. Sentí que tenía derecho a decidir sobre lo que permitiría que echara raíces en mi vida... y lo que no permitiría en absoluto. Todo porque decidí literal —y figuradamente— encarar las mentiras sin rodeos y arrancarlas sin pedir disculpas, aunque casi me rompo la espalda.

Te motivo a que hagas algo parecido. Piensa en algunas de las mentiras que has estado creyendo como resultado de tu corazón partido, de tus expectativas frustradas o de tus sueños rotos. Tal vez piensas como yo que Dios te ha olvidado. Tal vez pienses que tus esperanzas o sueños nunca se cumplirán. Tal vez pienses que es culpa tuya que algunos planes hayan salido mal. Tal vez crees que eres indigna de las cosas buenas. Tal vez consideras que siempre será así. Tal vez sea otra cosa.

Enumera todas las mentiras y los pensamientos tóxicos. Y luego asígnales una actividad física. No tiene que ser arrancar hierba, aunque sea probablemente la ilustración más precisa del trabajo que estás haciendo en tu corazón. Si es invierno, o si tienes la suerte de no tener maleza, piensa en otras maneras de hacerlo. Por ejemplo, limpiar tu armario y deshacerte de objetos viejos que no necesitas, pero que has estado guardando. Asigna a cada objeto un pensamiento tóxico que has permitido, o una mentira que has creído. Asígnale una mentira a cada artículo mientras lo pones en la basura o en la bolsa de cosas que donarás.

No importa lo que hagas, solo haz *algo* que te permita reconocer las mentiras y ocúpate de soltar físicamente cosas que representen lo que se ha arraigado en tu corazón.

¿Eso te libera por completo de los pensamientos? No es seguro, pero ciertamente ayuda a progresar en la dirección correcta. Y hay en ello algo restaurador que empodera.

Plantar con fe, enraizar en el amor

No mucho después de mi esfuerzo por arrancar malas hierbas, Matt y yo decidimos plantar nuestro primer huerto. Ya sabes, el que no dio siquiera una cosecha de verdad. El verano ya estaba avanzado, estábamos a principios de agosto, pero no me importaba. Pensé que cultivar podía ser un proyecto que me ayudaría a sanar y me daría la oportunidad de cuidar y nutrir algo.

Pronto me enteré de que cultivar un huerto —sobre todo cuando no tienes buena mano para la siembra— es un trabajo muy difícil y sagrado. En general, todo lo relacionado con la agricultura es un trabajo muy difícil y sagrado.

Las tiendas de comestibles y Amazon Prime te dan lo que quieres apenas lo pides. Los huertos no son así. Un montón de factores afectan a lo que podría ser tu cosecha —el clima, los topos, etcétera— y se necesita *tiempo* para que crezcan los vegetales.

Un aspecto interesante es que no obtener los resultados que esperabas te hace apreciar los que sí conseguiste. Ese primer año, estaba muy orgullosa de las pocas hojas de *kale* que crecieron, especialmente porque las zanahorias y las otras plantas no se dieron tan bien. Esa planta me mostró, en todo caso, lo que era posible lograr con unos pocos ajustes.

Aunque el primer intento no fue un gran éxito, me sentí realizada y entusiasmada con el proceso. Entonces, decidí que mejoraría con la práctica y lo intenté de nuevo el verano siguiente. La segunda vez, en una nueva casa —de la que hablaremos en el próximo capítulo—, me descubrí pensando en el fresco inicio que representa un nuevo hogar y un nuevo terreno. Por razones que desconozco, las palabras *plantar con fe, enraizar en el amor* parecían repetirse en mi mente mientras acomodaba las plantas y semillas en la tierra por segunda vez.

Pensé en lo que eso podía significar.

Plantar con fe. Sembrar es hacer una inversión con fe en que tu siembra dará frutos en el momento adecuado. Tal vez eso es lo que Dios me pedía que hiciera con mis sueños. Que los declarara, que preparara la tierra, que sembrara con fe, que tuviera esperanza en lo que no veía, que cuidara esa semilla antes de verla germinar y que confiara en que el fruto llegaría en el momento justo.

Enraizar en el amor. Mientras estaba allí, con mi viejo overol, bajo el sol, plantando nueva vida con la esperanza de que *echara* raíces, me di cuenta. Luchamos contra las mentiras que creemos no solo arrancándolas, sino también enraizándonos nosotros mismos en el amor.

Me vino a la mente un versículo bíblico que había estudiado años atrás:

"Para que habite Cristo por la fe en vuestros corazones, a fin de que, arraigados y cimentados en amor, seáis plenamente capaces de comprender con todos los santos cuál sea la anchura, la longitud, la profundidad y la altura y de conocer el amor de Cristo, que excede a todo conocimiento, para que seáis llenos de toda la plenitud de Dios." (Efesios 3:17-19 RV1960).

Arraigados y cimentados en el amor. Colmados de la plenitud de Dios.

De alguna manera, ese momento cavando la tierra, se convirtió en un tiempo sagrado de mucha bendición, porque me di cuenta de que mis sueños surgen de un anhelo más profundo. Todo mi trabajo, esfuerzo, deseo y necesidad de logro se resumen en anhelar el Edén.

O, al menos, lo que el Edén representa: el paraíso, el jardín de la vida, la totalidad, la íntegra y completa plenitud de Dios.

En este lugar, esta vida entre dos jardines —el Edén y la eternidad con Dios—, podría hacer cualquier cosa, superar cualquier etapa, alcanzar cualquier sueño, lograr cualquier meta y aún así sentirme incompleta si no estoy enraizada en el amor. Y el amor no es solo un sentimiento. No es solo una elección. Es alguien. Es Dios.

Los deseos de nuestro corazón, los que creo que impulsan nuestros mayores sueños, todos esos serán satisfechos íntegra y completamente en el Jardín.

Quizá por eso aun cuando conseguimos algo que pensamos que deseábamos —el automóvil nuevo, el esposo, el ascenso— sentimos que la línea de llegada se mueve. En otras palabras, la satisfacción que pensábamos que sentiríamos no está del todo ahí. Solo nos hace anhelar algo más. Tal vez sea porque no fuimos creados para sentirnos satisfechos y realizados al alcanzar incluso las cosas más grandes que el mundo nos ofrece.

Fuimos *hechos* para un jardín. Curiosamente, según el relato de la creación en el Génesis, la primera tarea que Dios encomendó a los seres humanos fue cuidar y atender el Jardín del Edén. Creo que Él nos dio, a ti y a mí, el mismo llamado. Que tengamos, o no, buena mano para sembrar no viene al caso. Tenemos la tarea de atender nuestra vida y a quienes la comparten; de cuidar con intencional esmero y delicadeza *cada* etapa de nuestro recorrido, no solo aquellas en las obtenemos una recompensa.

Al reflexionar sobre esto, empecé a descubrir la verdad que mencioné muy al principio: *esta vida no es un juego que hay que ganar. Es un jardín que hay que cuidar.*

No importan los mensajes que dicen que tenerlo todo nos hará felices. Sabemos la verdad:

esa condenada línea de meta siempre se alejará justo cuando creemos que la cruzamos. No hay ningún "tenerlo todo" fuera de la plenitud de Dios.

Así que cuando nos enfrentamos a la pregunta: *¿Cómo superamos las mentiras que nos desaniman y de qué forma nos mantenemos enfocados en lo que realmente importa cuando enfrentamos sueños aparentemente interrumpidos, aplazados o destruidos?*

Reconocemos y validamos el dolor que puede traer.

Identificamos las mentiras que se arraigan en nuestra vida.

Arrancamos esas mentiras sin contemplaciones.

Nos levantamos, nos sacudimos el polvo y nos ponemos en marcha otra vez.

Sembramos nuestros sueños con fe y nos arraigamos en el amor.

Y administramos y cuidamos bien la vida que nos han dado.

Aprovechamos al máximo cada punto intermedio, cada zona entre una meta y otra porque toda nuestra vida se encuentra allí, en medio de puntos de partida y puntos de llegada; vivimos entre esos dos jardines, el Edén y el cielo en la eternidad con Dios.

Porque si nuestros sueños son realmente dados por Dios y forman parte de nuestro legado, entonces debemos anticipar los baches, las malas hierbas, el dolor y las decepciones a lo largo del camino, de manera que encontremos la fuerza, la determinación y la tenacidad —la ambición— para crecer, a pesar de todo, en medio de la incertidumbre y los *casi*.

Lo que realmente hace que la vida sea exitosa es el crecimiento enfocado en lo que más importa y la satisfacción a pesar de (no fuera de) las malas hierbas y los desafíos en el camino.

11

Prioriza tus
prioridades

Matt y yo subíamos por el largo camino de entrada a nuestra casa, al regresar de nuestro paseo diario en una fresca mañana de septiembre. Vi nuestra antigua casa tipo granja colonial y luego eché una mirada a los alrededores.

—¿En qué estás pensando? —me preguntó Matt.

—Estaba pensando en lo mucho que este lugar me recuerda a mí misma —respondí—. Tiene mucho potencial, pero, vaya que necesita un montón de trabajo.

—Esa es una forma de verlo —respondió riendo.

Ya habíamos hecho varias renovaciones e invertido mucho sudor en mejorar el paisajismo. Esto llevó a una conversación sobre si *queríamos* seguir haciendo todo el trabajo que se requería para mantener y mejorar el lugar. Al tratarse de una casa antigua en una propiedad de una hectárea, siempre había algo que reparar o darle mantenimiento. Parecía que cada vez que terminábamos un proyecto de restauración, surgían otros dos o tres imprevistos.

Mientras conversábamos, nos dimos cuenta de lo exigente que resultaba el mantenimiento de una propiedad así mientras desarrollábamos nuestros negocios y tratábamos de formar nuestra familia. Lo que puede hacer una pareja joven tiene un límite.

Cuando la compramos dos años antes, estábamos recién casados y pensamos que sería divertido hacer nuestra versión pueblerina de *Remodelación total*, la serie de Home & Garden Televisión (HGTV), aunque en el programa las remodelaciones se ven más fáciles y divertidas de lo que realmente son. Usar herramientas eléctricas para renovar un hogar que tuvo mejores días parecía un proyecto genial para hacer en pareja, hasta que tuvimos que vivir y trabajar en esa casa permanentemente en construcción.

Aunque fue divertido durante un tiempo, la gracia no duró mucho. Luego, estábamos tan ocupados que difícilmente pasábamos el tiempo suficiente en la casa como para avanzar en lo que necesitaba renovarse. Los costos iban aumentando y el eterno estado a medio hacer, no permitía que la disfrutáramos como un lugar confortable y apacible. Luego, sufrimos las dos pérdidas en esa casa y sentí ganas de un nuevo comienzo, de cambiar de escenario con un estilo de vida más sencillo. Uno que no demandara la remodelación de la cocina, costosas reparaciones cada dos meses o la hectárea de terreno que mantener sin hierba mala.

Aunque siempre nos ha gustado la vida de campo y la sustentabilidad que se encuentra en nuestra lista de sueños a largo plazo, la razón por la que nos atrajo tanto la casa fue un tanto arbitraria: tenía mucho potencial para Instagram y deseábamos intentar una transformación artesanal como las que veíamos por televisión.

A medida que nos enfrentábamos a las exigencias del trabajo y de los gastos, el entusiasmo fue decayendo, así que la remodelación ya no parecía tan atractiva. De hecho, se convirtió en algo *abrumador*, una carga aparentemente sin límite para nuestro tiempo, energía y billetera. Era como si nos empezara a hacer sentido el pasaje de Eclesiastés 3:1: "Todo tiene su tiempo y todo lo que se quiere debajo del cielo tiene su hora".

Tal vez un estilo de vida de granja remodelada sería parte de nuestro futuro. Pero teniendo en cuenta todos los altibajos y los logros a medias que acabábamos de sufrir, empezamos a reevaluar nuestras prioridades.

Durante semanas, le dimos vueltas a la idea de vender o seguir haciendo remodelaciones. Habíamos avanzado tanto en la casa, renovamos dos baños, actualizamos la sala de estar y cultivamos un hermoso jardín en el que, por cierto, dejé la vida en el proceso de limpiarlo de maleza. Parecía que estábamos *mucho más cerca* —pero todavía lejos— de ver la casa como la soñábamos. Con lo que habíamos avanzado, detenernos en ese momento parecía renunciar antes de tiempo. Por desgracia, las obras pendientes —techo y ventanas nuevos, remodelación de la cocina y pintura general exterior— eran las más exigentes y costosas.

Mientras discutíamos las opciones, nos animamos a hacernos preguntas: "¿Realmente queremos esto? ¿Cuál es nuestra máxima prioridad: renovar una vieja granja o eliminar la ansiedad innecesaria y formar nuestra familia?".

Luego nos preguntamos: "¿Vivir en esta casa es compatible con nuestras prioridades en este momento, como joven matrimonio, o es una fuente de ansiedad que podría restarnos energía para enfocarnos en las verdaderas prioridades?".

Aunque no quisiéramos admitirlo, ambos sabíamos la respuesta: lo segundo. Sabíamos que podíamos remodelar una antigua casa de campo en el futuro si lo deseábamos, pero no podíamos recuperar estos años de edificación de una familia, lo cual requería mucho más tiempo. A veces es necesario perder algo valioso para ver las piezas que realmente pertenece a nuestro tablero.

Aun sabiendo la respuesta correcta, seguir adelante con la venta de nuestra granja fue una de las decisiones más difíciles que había tomado hasta ese momento de mi vida. No solo estaba separándome de una casa; sentía que estaba renunciando a la visión que tenía para nuestra familia.

Había planeado pintar la casa de blanco, cambiar las ventanas y las contraventanas, poner techo nuevo y derribar paredes para remodelar la cocina, que estaba metida en una esquina prácticamente sin espacio de mostrador y con unos gabinetes amarillos, estilo colonial como de 1980 (nada lindos).

Imaginé que tendríamos a nuestros bebés allí. Había planeado qué habitación sería el cuarto de los niños y pensaba que iba a ver a mis hijos gateando y retozando en el patio trasero bajo el gran sicomoro, mientras restaurábamos la casa para dejarla nueva y hermosa.

Pero se estaba convirtiendo en un pozo que se tragaba el dinero. Apenas teníamos tiempo o recursos para algunos de los proyectos grandes, porque tan pronto empezábamos uno, la ducha empezaba a gotear o la caldera se arruinaba y debíamos firmar un gran cheque para reparaciones o invertir horas intentándolo nosotros. Casi siempre, parecía que dábamos un paso adelante para dar dos en retroceso, lo que empezaba a ser absolutamente innecesario.

En cualquier caso, la idea de deshacerme de la casa significaba dejar de lado la visión que tenía de mi vida, lo que provocó que le diera vueltas a la decisión durante meses. Por un lado, sabía que me sentiría aliviada si me desprendía de todo, si renunciaba a todo lo que había dicho que haría dos meses antes. Por otro lado, no quería renunciar pronto solo para lamentarlo después.

Este tipo de expectativa frustrada era diferente porque no era como si me estuvieran quitando la casa contra mi voluntad. Me enfrentaba a la realidad de que me iba a separar voluntariamente de ella y que por decisión propia renunciaría a mis expectativas. Era como dar marcha atrás.

¿Te has encontrado alguna vez en una situación así? ¿Puedes pensar en un momento de tu vida en el que la visión original que tenías de algo ya no se ajustaba a tus necesidades o a las de tu familia? ¿O cuando llegaste a la conclusión de que lo que esperabas —un hogar, una carrera o cualquier otra cosa— ya no era lo mejor?

Si es así ya sabes cómo se siente. *Aun cuando* estás seguro de que es absolutamente lo correcto, puede parecer casi imposible apretar el gatillo y seguir adelante.

Debo haber discutido la decisión con todos mis conocidos y haberla analizado desde cada ángulo posible. Me planteé todas las preguntas del tipo "qué pasaría si…". Hasta pusimos el rótulo SE VENDE en el patio delantero durante dos días y, justo cuando nuestro agente inmobiliario estaba a punto de publicar el aviso de la casa en venta, lo llamé y le dije que no estaba lista.

Quitamos el cartel para que yo pudiera rumiar un poco más el asunto y volver loco a mi pobre esposo. *Oops. Lo siento, cariño.*

Comparto todo esto para dejar claro un punto que me ha moldeado a mí y a mis sueños: reconocer nuestras prioridades es una cosa. Reconocer nuestra principal prioridad

—en singular— y *actuar en consecuencia* es otra cosa completamente distinta. Eso requiere apartar nuestras expectativas y actuar, pero ese acto suele ser dolorosamente difícil.

¿Por qué es importante? Porque si no tienes una prioridad clara y significativa, puedes acabar jaloneada en diferentes direcciones, en medio de lo que *pensabas* que querías y lo que *de verdad* necesitas. Créeme, es una frustrante y difícil situación.

Menos es más

¿Alguna vez te has sentido abrumada o demasiado comprometida con lo que estás haciendo, aunque empezara siendo algo bueno? Si tu respuesta es afirmativa, ¿has pensado alguna vez por qué te sientes así? ¿Por qué mordiste más de lo que podías masticar?

Tendemos a comprometernos en exceso cuando no tenemos claro lo que queremos de verdad (la prioridad), por qué lo queremos (el propósito) y cómo vamos a manejarlo (el seguimiento).

Para aclarar, lo que quieres no significa necesariamente deseos materialistas como una casa de playa o un coche de lujo. No significa metas arbitrarias que suenen impresionantes o geniales. Es algo más profundo. Significa saber cuál es la prioridad en esta hora de tu vida, en un mundo que te dice que deberías saber cómo equilibrar todo en un mundo que te anima a pensar que *todo* es y debe ser una prioridad.

Tener una prioridad clara no significa que solo hagas una cosa. Significa que todo aquello a lo que dediques tu tiempo y lo que hagas debe *contribuir,* de alguna manera, a esa prioridad, no restarle.

De hecho, ¿sabías que la palabra *prioridad* no siempre significó lo que significa hoy?

En su libro *Esencialismo: Logra el máximo de resultados con el mínimo de esfuerzos,* Greg McKeown explica que la palabra llegó al idioma inglés en el año 1400 y era *singular.* Significaba lo primero o lo previo. Fue singular durante unos 500 años y luego intentamos convertirla en plural.

McKeown lo dice así:

"Solo en la década de 1900 pluralizamos el término y empezamos a hablar de *prioridades.* Ilógicamente, razonamos que cambiando la palabra podríamos torcer la realidad. De alguna manera, ahora podríamos tener varias cosas "primeras". La gente y las empresas tienen por rutina hacer eso. Un líder me contó su experiencia en una empresa que hablaba de "Pri-1, Pri-2, Pri-3, Pri-4 y Pri-5. Esto daba la impresión de que muchas cosas eran prioritarias, pero en realidad nada lo era".[1]

Esta última línea me impactó la primera vez que la leí.

---

[1] Greg McKeown, *Essentialism* (Nueva York: Currency, 2014), p. 16.

Esto daba la impresión de que muchas cosas eran priori-tarias, pero en realidad significaba que nada lo era.

Dejemos que esa idea se asiente en tu mente para que la asimiles. ¿Saben lo que significa esto? Significa que cuando decimos que tenemos prioridades, en realidad no tenemos *ninguna* prioridad.

No significa que varias cosas no sean importantes, lo son absolutamente. Tu salud, tu trabajo y tu familia son cosas sumamente importantes que debes atender y a las cuales te debes dedicar. ¿Cómo podrías elegir cuál de ellas es LA prioridad?

No es tan sencillo como enfocar el 100% de nuestro tiempo y atención en una de ellas y olvidarnos de las demás. Entonces, ¿qué hacemos?

Las reformulamos, o más apropiadamente, replanteamos nuestra *prioridad.*

En lugar de considerar todas las cosas importantes de nuestra vida como prioridades, cuando en realidad suelen tener la misma importancia, me ha parecido útil fijarme en cuál es la prioridad actual, la *prioridad del presente,* o como me gusta llamarla: la PP. Es la principal prioridad en esta época particular. Entonces, cada aspecto importante de mi vida puede servir para integrar mi enfoque o propósito y debe acercarme —no alejarme— de la prioridad.

Permíteme explicar cómo luce esto con el ejemplo de la muy difícil decisión de renunciar a la visión de nuestra granja y adoptar un estilo de vida más sencillo.

Ciertamente no esperaba desarraigar mi vida y empezar de nuevo solo dos años y medio después de establecerme. *Esperaba* convertirla en la casa de nuestros sueños y criar a nuestro primer bebé bajo ese techo. Eso es lo que *quería* hacer. Pero como la vida no siguió exactamente ese rumbo, tuve que examinar qué pasos debía dar a continuación para mantener nuestra *prioridad del presente*.

Al analizar todo lo que teníamos por delante, identificamos la prioridad del presente: nuestra salud, por el bien de nuestra familia. Nuestra salud —emocional, mental, espiritual y física— se había resentido bastante el año anterior. Invertir en nuestro bienestar y manejar la presión nos pareció el enfoque adecuado para esa temporada.

Significaba que todo lo que afectaba a mi salud, incluido el trabajo y otros factores de estrés, debía ser atendido de tal manera que contribuyera con la PP y permitiera administrarla bien.

En otras palabras, con mi prioridad del presente clara, todas las decisiones que tomé sobre aspectos importantes de mi vida —trabajo, casa, actividades sociales, etc.— debían encajar y girar en torno a *ella*.

Hicimos una auditoría completa de nuestra vida para identificar factores de estrés innecesarios y los asuntos que debían agendarse intencionalmente, para estar seguros de que todo lo que hacíamos contribuía con nuestra salud, en lugar de afectarla.

La casa era una obligación innecesaria en esa época y era más bien un factor de angustia y distracción, así que debía desaparecer. Pensamos que simplificar la carga de la casa nos abriría espacio, tiempo y recursos para invertir en nuestra salud y restaurarnos nosotros, en lugar de volcar toda nuestra energía en renovar una casa vieja. Así que, cuando el mes de octubre se estaba terminando, finalmente decidimos poner en venta la casa.

Los factores de estrés innecesarios que identifiqué en el trabajo fueron eliminados, minimizados o delegados. En otras palabras, aunque el trabajo era ciertamente importante, empecé a cambiar la forma en que lo abordaba para que encajara con la prioridad y apoyara su avance y no al revés. Ya no podía dejarme llevar por los logros, el éxito y la productividad y también darle prioridad a mi salud y a mi bienestar por el bien de nuestra familia. Tuve que tomar las medidas necesarias para asegurarme de que era dueña de mi ambición en lugar de permitir que ella prevaleciera sobre lo que yo sabía que era más importante.

Nota la diferencia. Aunque todas estas áreas son increíblemente importantes en mi vida, las decisiones y acciones que empecé a tomar y ejecutar en esas áreas giraban en torno a una prioridad en común. Reorganicé la forma en que abordaba todo de modo que la búsqueda de la prioridad fuera más sostenible. Como mis compromisos y obligaciones encajaban con una prioridad clara, se volvieron más fáciles de manejar y llevar porque ya no las abordaba como prioridades individuales que existían por cuenta propia y que debía equilibrar perfectamente.

Todos los compromisos y cambios de vida que hice giraban en torno a la prioridad, incluyendo la decisión de vender la casa.

Define tu prioridad, actúa en consecuencia

Cuando planes perturbados, decepciones o expectativas frustradas te obligan a volver a pensar tus sueños y ambiciones, intenta verlo como una oportunidad, incluso como algo bueno. En vez de que te envuelva la sensación de caos, apártate de todo ese ruido, de las distracciones y prioridades que estás intentando equilibrar. Luego permite que la decepción, la desilusión o la expectativa frustrada sean una invitación para reevaluar, reordenar y reorganizar tu vida alrededor de lo que decidas que es más importante *para ti*.

Da los siguientes pasos para priorizar y avanzar:

1) Identifica la prioridad del presente

¿Qué quiero de verdad? ¿Cuál es mi prioridad en *esta* temporada? Silencia todas las voces y presiones que luchan por tu atención y te dicen que debes dedicarte a ellas. Detente. Examina qué es lo más importante para ti o para ti y tu familia. Trata de fijarte una sola prioridad para que tengas un objetivo claro.

Pregúntate: "¿Qué es lo primero? ¿Hay algo que requiera tiempo y que necesite cuidado y atención más que otras obligaciones, opciones y compromisos?". Por ejemplo, Matt y yo decidimos concentrarnos en nuestra salud y bienestar como inversión para formar nuestra familia. Desde el cuidado de la salud mental hasta la restauración de mi cuerpo y la búsqueda de respuestas, estas cuestiones necesitaban desesperadamente tiempo, atención, inversión y cuidado.

Si tu prioridad de presente es pagar todas las deudas de consumo, las decisiones sobre tu estilo de vida y tus compromisos diarios deben alinearse a dicha prioridad. Te asegurarás de que las inversiones que hagas y los recursos que utilices contribuyan con esa visión de la mejor manera. Tus decisiones profesionales y sociales también se alinearán a esto. Es posible que realices trabajos esporádicos o que trabajes como profesional independiente para obtener ingresos extra, o cuando te reúnas con tus colegas para tomar algo después del trabajo, pidas una limonada en lugar del elegante martini de veinticuatro dólares.

Date permiso para tener una prioridad —como el cuidado de tu salud— cuya raíz sea un propósito claro. Por ejemplo, el bien de tu futura familia, un enfoque que ocupe el primer lugar y que oriente las decisiones y los compromisos que tomes en esta temporada. Esto no solo te convertirá en una mejor administradora, sino que también te ayudará a superar la presión de seguir el ritmo de los demás, a perseguir los objetivos correctos para ti y a abrazar la tensión entre el lugar en el que te encuentras, mientras trabajas por llegar al lugar donde esperas estar.

Recuerda pensar en tu vida como en un jardín. Incluso cuando te enfrentes a una desilusión desgarradora, manejar todas las facetas de tu vida para administrar tu prioridad puede ayudarte a avanzar en la dirección correcta.

Tómate un tiempo para examinar tu prioridad actual y asegúrate de sea clara y específica. ¿Qué propósito unificador alineará las áreas importantes de tu vida para que contribuyan con eso? Esto te permitirá poner tus prioridades en dirección hacia la única y verdadera prioridad.

Recuerda que es la prioridad de esta temporada. Puede cambiar o convertirse en algo diferente en el futuro, así que concéntrate en el corto plazo: las semanas, los meses o incluso los pocos años que tienes por delante. Define una posible prioridad del presente para esta época de tu vida, y luego muévete al segundo paso.

2) ¿Por qué esta es la prioridad?

Considera la prioridad del presente que elegiste. Antes de definirla como prioridad y reorganizar tus otras responsabilidades, asegúrate de que puedes responder a esta pregunta: "¿Por qué esta es la prioridad?".

Cuando nosotros conversamos sobre la posibilidad de que nuestra salud y bienestar fueran la prioridad del presente, nos preguntamos: "¿Por qué es importante que esto sea nuestra PP?".

La respuesta fue fácil: por el bien de nuestra familia. Puede que pienses que vender una casa no tiene mucho que ver con cuidar de tu salud, o que priorizar tu salud tiene mucho que ver con tu familia, pero las dos decisiones son relevantes para lograr ese objetivo.

He aquí la razón: aprendí por las malas lo mucho que la presión puede afectar mi salud, como mi tiroides, mis hormonas, etcétera. De hecho, cuando empecé a hacerme exámenes físicos después de mis pérdidas, descubrí que tenía problemas de tiroides y una grave fatiga suprarrenal, y supe que era hora de cambiar algunas cosas. No hay forma de evadir la importancia que tiene mi salud para nuestra familia. Para que quede claro, esto no solo se aplica al embarazo. Tanto si estás en edad fértil como si no quieres tener hijos, creo que sigue siendo válido para ti. Nuestra salud y bienestar afectan directamente a nuestra familia y a las personas con las que nos relacionamos. Si estamos exhaustas, agotadas, desequilibradas hormonalmente o nos sentimos miserables, impactamos directamente en nuestro matrimonio, hijos u otras relaciones cercanas.

En mi caso, quería tomarme un tiempo para simplificar nuestra vida, reducir el desorden mental y atender nuestro bienestar para alcanzar un estado más saludable en nuestro matrimonio y prepararnos para cuando volvié-ramos a construir una familia en el futuro.

Estoy segura de que tu situación es diferente. Tal vez tu prioridad del presente sea pagar los préstamos estudian-tiles y ahorrar dinero (la PP) para tener disponibilidad de hacer un viaje misionero el próximo año (el propósito).

Recuerda que se trata de tu vida y del propósito que orienta lo que haces y las metas que persigues. No se trata de una gratificación instantánea o de cosas fugaces como una pérdida de peso arbitraria o un objetivo financiero. Se trata de establecer una visión de conjunto que te permita mantener tu compromiso con la prioridad del presente. Tu *por qué* puede ser compartir el Evangelio en áreas alejadas, tener tu propia familia, liberarte de las deudas, cambiar el sistema de cuidado de tu salud o algo completamente diferente.

Esta gran visión es una herramienta para orientarte, es el fundamento de tu prioridad del presente y te da un pro-pósito en el que invertir tu tiempo, esfuerzos y recursos. Permite que esa visión fundamente las cosas que haces, los sueños que tienes y la prioridad del presente que elegiste. Cuando te des cuenta de que la situación te sobrepasa, te asfixia o decepciona, cuando las cosas no salen como has planeado, pregúntate: "¿Por qué estoy haciendo esto? ¿Lo que estoy haciendo sigue alineado con mi por qué? ¿Cómo contribuye o no contribuye esto con ese propósito?".

3) Afina un plan de acción y elimina las distracciones

Una vez que Matt y yo definimos que la prioridad del presente era mejorar nuestra salud, enfocados en un por qué muy claro —nuestro matrimonio y familia—, empecé a examinar de qué forma todo lo demás se alineaba con ello. Aquí es donde intervienen las otras responsabilidades importantes de la vida que generalmente llamamos prioridades.

En lugar de considerar mi casa y mi negocio como dos prioridades diferentes, empecé a preguntarme: "¿Cómo logro que mi casa y mi negocio apoyen la prioridad actual?".

Así dichas responsabilidades, aparentemente muy diferentes, obran una con otra, en lugar de ser dos cosas que me halan hacia diferentes direcciones y parecen obrar una contra otra.

La decisión que tomamos de vender nuestra casa es un gran ejemplo de la prioridad en acción. Después de identificar que nuestra salud y bienestar eran la prioridad del presente y, por lo tanto, vivir un estilo Home & Garden Television no lo era, quedó claro que era el momento de simplificar. Cuando eso quedó claro, me di cuenta de que podía invertir los fondos y el tiempo que habría dedicado a remodelar y reparar una casa en nuestra salud y sanidad. Podía reasignar los fondos que habría gastado en una costosa cocina nueva para realizar pruebas médicas, ahorrar y aliviar la ansiedad relacionada con el dinero, así como trabajar con los médicos para mejorar mi salud en general, todo ello mientras manejaba mi estrés viviendo en una casa que no necesitaba interminables reparaciones.

¿Ves cómo funciona esto? Al identificar la prioridad, los pasos a seguir y las áreas importantes de la vida, todo comienzan a tener más coherencia a medida que actuamos de acuerdo con esa prioridad.

Explora cómo ves esta opción de gestión de prioridades para tu vida, sobre todo si te encuentras en una temporada de desilusión o de expectativas frustradas que te hacen repensar todo tu panorama. Una vez que hayas definido tu *por qué*, así como la prioridad actual que se alinea con ello, considera las áreas de la vida que requieren más atención o tiempo de tu parte. ¿Qué pasos debes dar para alinear las facetas importantes con la prioridad del presente?

Evalúa cada aspecto de tu vida y todo lo que tienes por delante: tus objetivos y obligaciones profesionales, tu hogar y sus necesidades, tus rutinas de salud, tus relaciones y tus compromisos sociales, tus finanzas, etcétera. Respecto a cada uno pregúntate: "¿Por qué? ¿Por qué estoy haciendo esto o aquello? ¿Con qué propósito? ¿Contribuye con la prioridad?".

Si la respuesta es afirmativa, déjalo. Si no, avanza al paso 4.

4) Eliminar la distracción

Si encuentras algo que no contribuye con tu PP, hazte una pregunta de seguimiento: "¿Puedo hacer un ajuste en cómo estoy haciendo esta cosa específica para que se alinee con la prioridad?".

Si la respuesta sigue siendo negativa, deja de hacerlo o intenta encontrar una forma de minimizarlo o eliminarlo por completo. Así fue como llegamos a la conclusión sobre la casa. Elimina o limita los compromisos que te distraen o te alejan de lo que has identificado como más importante para ti, no de lo que es bueno para los demás y que obedece a lo que esperan que hagas.

Al crear tu plan de acción es fundamental tener en cuenta los obstáculos o las distracciones que pueden desviarte del camino o complicar tu progreso. Cuando sepas lo que realmente quieres lo que aspiras en el panorama general y la prioridad del presente en la que debes enfocarte, será más fácil identificar lo que definitivamente no quieres o no necesitas hacer.

Tener clara la prioridad del presente te ayudará a ver qué acciones y compromisos contribuyen realmente con esa prioridad y cuáles le restan importancia.

Como dije, se hizo evidente que terminar las reformas de la casa distraía más que contribuía con la prioridad del presente. Así que tomamos la decisión de mudarnos. Cuando empezamos a empacar, me di cuenta de que teníamos cajas y cajas de cosas que había acumulado durante los primeros años de nuestro matrimonio. Pasé mucho tiempo revisando lo que quería conservar y lo que solo ocupaba espacio. Mientras llevaba una bolsa tras otra al centro de donación local, me sentí más liviana. Aligerando literalmente mi carga, descubrí que podía hacer lo mismo en otras áreas de mi vida. ¿Qué llevaba en mi mente, en mi corazón o en mi agenda que no fuera esencial?

La simplificación se convirtió en el nombre del juego en favor de gestionar la prioridad.

Tu trabajo ahora es asegurarte de eliminar las cosas que te apartan o distraen de tu prioridad. ¿Qué es lo que debes que dejar ir, dejar de lado, separar, cambiar o desechar por completo, para acomodar en su lugar la prioridad que has definido?

Sí, te entiendo, sé lo duro que es sentir que tus planes perfectamente trazados se enfrentan a una interrupción intrusiva. Conozco el dolor y la frustración de la pérdida, la decepción y las expectativas incumplidas. Estoy sentada aquí, en una casa donde no planeaba vivir. Hace un año, pensé que estaría en una cocina renovada con un bebé sobre mi cadera, en mi casita de campo a la antigua. En lugar de eso, justo cuando mi visión *estaba a punto* de realizarse, terminé en un recorrido al que no me había inscrito. Esta travesía a menudo me hace sentir como si caminara a través de un valle entre el lugar donde terminé y el lugar donde pensé que estaría a estas alturas de mi vida. No ha sido precisamente divertido ni fácil, pero este recorrido me ha perfeccionado.

Además, cuando considero la paz que una vida más sencilla me ha traído, cuando me asomo a la ventana de mi oficina y veo las casas de mis apreciados nuevos amigos del otro lado de la calle, confirmo que, a pesar de no ser lo que esperaba, estoy exactamente donde necesito estar y que Dios tiene un plan para mí.

De modo que mi exhortación para ti es: no dejes que la desilusión o las dolorosas interrupciones en tus planes se conviertan en un callejón sin salida. Haz que sean una invitación para un nuevo comienzo. Puede que no sea necesario que arranques de raíz tu vida y debas mudarte o tal vez sí. Independientemente de cuánto tengas que cambiar, mucho o poco, recuerda, por favor, que repensar todo no siempre es malo.

A veces es precisamente lo que necesitamos para *realmente* tener éxito.

12

Aprovecha los *casi*

Después de cuatro años de matrimonio, lo último que esperaba era volver a vivir con mis padres. Cuando decidimos mudarnos y poner nuestra casa en venta, nos dimos cuenta de que habría un intervalo de dos o tres meses entre el momento en que tuviéramos que dejar nuestra antigua casa y el momento en que la nueva estuviera lista para mudarnos.

Solo un puñado de meses antes, *pensaba* que terminaría el año disfrutando con mi pequeña familia de una cocina recién renovada. Y *casi* pasó así, pero no pasó. En vez de eso, justo antes de Acción de Gracias, estábamos trasladando nuestros muebles a un almacén temporal y descargando las maletas en el sótano de mis padres. No pude evitar pensar en lo opuesto que era esto a mis expectativas de cómo debía terminar ese año.

Al reflexionar en el año que acababa de pasar, muchas cosas parecían patas arriba.

No era así como imaginé que sería, pensé.

Luego, cuando vi hacia el año entrante —un vasto lienzo lleno de incógnitas y de interrogantes—, un vacío parecía surgir sobre mí y deseaba desesperadamente llenarlo con algo, con cualquier cosa que le diera sentido a lo que vivía. La forma en que me imaginaba el año —y el resto de mi vida— era drásticamente diferente a la realidad de ese momento. Y no estaba segura de qué hacer conmigo misma.

¿Qué haces con el inesperado espacio en blanco en tu agenda, el dormitorio vacío en tu casa, el algo especial —una pareja, un hijo, un amigo, un puesto de trabajo— que *se suponía* que abrazarías y que no está? ¿Qué decides cuando te sientes en un limbo, justo a medio camino de donde pensabas estar? Personalmente, tiendo a ocuparme. Intento llenar el espacio o el silencio con una agenda repleta y distraer mi mente de lo que está fuera de lugar, incluso si la que está fuera de lugar soy yo.

Compartí estos pensamientos con mi amiga Jenna, y me dijo: "No tienes que llenar el espacio con actividades. Puedes administrarlo. Realmente creo que este es tu campo de entrenamiento para aprender a estar más presente y tranquila".

Este es tu campo de entrenamiento para aprender a estar más presente y tranquila.

Estuve pensando en lo que dijo durante horas. Sus palabras me animaron a cambiar de perspectiva y ver este doloroso tiempo intermedio como una preparación para la vida que quería llevar y la persona en la que me estaba convirtiendo. En poco tiempo dejé de sentirme vacía y me sentí fortalecida.

Esta etapa de incógnitas, de paradas intermedias y de casi *puede verse como una de dos cosas,* pensé. *Puede ser algo que trato de evitar y de lo cual quiero distraerme, o puede ser algo en lo que me apoyo, que abrazo y de lo que saco el máximo provecho. Puedo eludirla dedicándome al ajetreo y a las distracciones, o puedo aprovecharla con intencional cuidado.*

Cuando empecé a pensar cómo es un campo de entrenamiento, decidí ocuparme de algunas cosas importantes que había descuidado durante años, porque estaba demasiado ocupada *logrando* cosas.

Me tomé tiempo para leer, investigar, hacerme pruebas y hacer preguntas respecto a mi salud. En el proceso, aprendí a controlar el azúcar en la sangre, a comer alimentos integrales, a cocinar comidas que me gustan y a regular mis patrones de sueño. En solo unos meses, noté una diferencia drástica en cómo me sentía. ¡Comencé a tener más energía, fuerza y concentración! Antes dependía del café. Ahora no bebo café en absoluto.

También me dediqué a mi salud mental y espiritual. Empecé a escribir un diario, volví a participar en una comunidad religiosa —algo que había evitado durante bastante tiempo— y me ofrecí como voluntaria para ayudar a otros. Después de revolcarme en la desesperación de espera, decidí que ya no aprovecharía cualquier momento de ocio para obsesionarme con lo que aún no tenía o con lo que no me gustaba de mi vida. Dedicar mis aptitudes para ayudar a otros me dio una perspectiva y un propósito que extrañaba. Salir de uno mismo para ayudar a otros puede traer un montón de gratificaciones inesperadas, una abrumadora gratitud por lo que *sí* tenemos, la alegría que produce ser una bendición para otros y mucho más.

Cuando el espacio que había creado para renovar la casa de mis sueños, publicar un libro y criar a un bebé quedó vacío —cuando sentí que mi vida quedó atascada en modo pendiente—, empecé a ver que tal vez era una temporada que Dios usaría para hacer una obra y hacer*me* crecer.

Si enfrentas una inesperada sensación de vacío, si te encuentras entre el punto de partida y el punto en el que *esperabas* estar —o crees que deberías estar—, te invito a que vayas a tu propio campo de entrenamiento.

Un campo de entrenamiento, en su contexto original, está concebido para preparar a alguien para el combate. Aunque no vayas a una guerra de verdad, creo que la palabra es muy apropiada por varias razones.

En primer lugar, lo veamos o no, se está peleando una guerra por nuestra mente y alma. Es una guerra que se desató desde la caída del hombre al comienzo de los tiempos.

Cuando estamos luchando con las dudas, preguntas y frustraciones que provocan las decepciones, el dolor y las expectativas, la guerra se vuelve más intensa. Es como si la lógica y la fe estuvieran en guerra dentro de nosotros. La fe dice que sigamos creyendo y confiando. La lógica, o tal vez en realidad el enemigo, se ríe y dice: "No seas tan tonto".

Es fácil querer olvidarnos de Dios cuando sentimos que nos ha defraudado o que ha puesto patas arriba nuestros planes sin razón aparente. Lo sé, porque yo lo hice. Lo alejé porque me sentí traicionada. Es la batalla a la que tú y yo nos enfrentamos todos los días, más aún cuando la vida no resulta como queremos. Cuanto más pensemos en lo que es verdadero, noble, correcto, puro, hermoso y admirable —como nos dice un versículo del libro de Filipenses—, más preparados estaremos para librar la buena batalla de la fe en la que el enemigo quiere usar el desaliento, la desilusión y el descontento para sembrar semillas de duda.

En segundo lugar, creo de todo corazón que los momentos *casi-pero-no-completamente*, que nos catapultan a un valle de cuestionamiento y de tránsito por un territorio desconocido, nos preparan, en última instancia, para algo. Y no cualquier cosa, sino algo grande. En el desierto, podemos deambular sin rumbo o podemos caminar deliberadamente hacia adelante. Durante meses, vagué sin rumbo. Pienso que eso es sencillamente humano, sobre todo cuando parece que nuestros planes, incluso nuestro sentido de la normalidad se ha sacudido hasta la médula.

Pero hay un punto en el que podemos decidir si queremos que los contratiempos nos echen a perder o nos refinen. Podemos ver en el desierto solo los desafíos, o podemos permitir que nos prepare para un propósito mayor que tal vez ni siquiera podemos ver.

Mi campo de entrenamiento del último año me enseñó que el dolor del valle no es un castigo, es un privilegio. Ese campamento nos prepara para cumplir nuestra vocación. La tensión refina nuestro carácter. Allí ganamos esa delicada fortaleza que necesitamos, la virtud, la empatía, la sabiduría y la perseverancia para tener éxito en lo que realmente importa en la vida.

Sin embargo, es importante recordar que ese campo de entrenamiento debe ser algo más que un medio para un fin. No se trata simplemente de llevarlo a cabo hasta cruzar una línea de meta solo para mirar al cielo y decir: "¡Oye, Dios, estoy listo para mi premio!".

En otras palabras, no lo veas como algo que te retiene o te mantiene ocupado mientras llegues a donde quieres estar. Espero que si te pareces un poco a mí, si vives en movimiento y a una velocidad vertiginosa, este sea el primer paso hacia el cambio de estilo de vida que necesitamos desesperadamente. Ya sabes, para dar a nuestra mente, cuerpo y alma el apoyo que necesitan para sostener los sueños que Dios nos ha dado, los que sean.

Tu campo de entrenamiento puede ser diferente al mío, pero si sientes que te atrapó una temporada de espacio neutro, sin avance, aquí te dejo un puñado de ideas para aprovechar al máximo ese tiempo.

1) En lugar de enfocarte en todo lo que quieres hacer, dedícate a lo que necesitas hacer.

No sé tú, pero yo *quiero* hacer muchas cosas.

Quiero tener la piel limpia de verdad. Hoy *necesito* nutrir mi cuerpo y comer un almuerzo bien completo para mantener mi nivel de azúcar adecuado en la sangre y mis hormonas equilibradas.

Quiero tener una carrera exitosa. Hoy *necesito* hacer aquello menos glamoroso y escribir unas cuantas miles de palabras con intensión y concentración.

Quiero tener un matrimonio fabuloso. Hoy *necesito* tomar la pequeña decisión de dejar el teléfono y conectarme con mi esposo durante la cena.

Lo mismo aplica para ti. Cada día, cuando te levantes, dedícate a las pequeñas cosas que necesitas hacer *en el presente,* antes de obsesionarte con lo que quieres tener *en el futuro.* ¿Por qué? Porque cada movimiento de hoy da forma a quien serás y a lo que harás.

Pasamos tanto tiempo pensando en las esperanzas que tenemos para el futuro, o entreteniendo los temores, que dejamos lo que debemos hacer ahora mismo en preparación para lo que viene. Asumí la misión de cambiar eso en mi vida, una comida, una reunión y un momento a la vez.

Tanto si quieres estudiar la selva amazónica como si deseas convertirte en un pintor de fama mundial o simplemente estar más sano, identifica y reconoce qué quieres hacer. ¿Cuál es tu objetivo? Luego, pregúntate: "¿Qué debo hacer hoy, justo donde estoy, para acercarme aunque sea una pizca más a eso?".

Y hazlo.

2) Crea ritmos y rutinas que puedas mantener.

¿Alguna vez has visto un vídeo o has leído un post en el blog de una *influencer* compartiendo su perfecta rutina matutina y te has sentido abrumada por todo lo que hace antes de las ocho de la mañana? Levanto la mano porque YO SÍ.

A veces veo ese tipo de publicaciones y me pregunto: "¿En serio? ¿*De verdad* te levantas antes de las seis de la mañana, haces ejercicio, sacas a pasear al perro, haces la cama, lees durante una hora, te preparas el almuerzo, te aplicas una mascarilla, te duchas, te maquillas y peinas con estilo de supermodelo, *todo* en la primera hora después de levantarte?".

Quiero decir, oye, si eso te funciona, genial. Pero lo siento, yo probé una vez. Duró una semana. Simplemente no pude mantener —ni me gustó— esa rutina de tantas actividades antes de empezar mi día.

Así que decidí hacer lo que me funciona. Me comprometería a hacer consistentemente una o dos cosas antes de empezar el día. En mi temporada de campo de entrenamiento, las dos cosas eran: 1) salir a dar un paseo; 2) hacer mi cama.

Por supuesto, también hice las cosas básicas como cepillarme los dientes, vestirme y arreglarme. Pero quería tener una o dos disciplinas adicionales que me permitieran empezar el día con intención.

Consideraba que los paseos matutinos eran mi momento de tranquilidad para orar, pensar o simplemente reflexionar. Ya paso mucho tiempo sentada frente a la computadora durante el día. Caminar, en lugar de sentarme a leer, me permitía despejar mi mente y mi corazón, prepararme para el día, orar y experimentar la plenitud de Dios. Eso me ayuda a comenzar mi día desde un lugar de paz, conexión y satisfacción en lugar de caos.

Si estás en una temporada de espera, sanando tu corazón, o simplemente atravesando a duras penas un momento decepcionante, recuerda ver ese tiempo como un tiempo en el campo de entrenamiento. A veces, poner en marcha una simple rutina que te saque de la cama cada mañana y te permita conectar con Dios puede hacer una gran diferencia.

Haz lo que te funcione y examina cómo podrías añadir alguna simple (énfasis en simple) rutina en tu vida.

3) Aprende algo que no sabías.

¿Sabías que, en promedio, los ciervos salvajes solo viven entre dos y tres años? ¿Y que tenemos un sistema endocrino? ¿Has oído hablar de ello? Yo no lo había escuchado. ¿Has aprendido a jugar una buena partida de póker? ¿Sabes mucho sobre cómo funcionan los impuestos? ¿Cómo crecen los tomates?

Estas son solo un puñado de cosas que aprendí —por curiosidad— durante mi temporada de entrenamiento o de "intermedio".

No sabía mucho de la vida salvaje, no tenía ni idea de cómo funcionaba mi cuerpo, nunca entendí por qué a la gente le gustaba jugar póker y era obvio que me costaba mantener vivas a las plantas. Hasta que decidí volverme curiosa. Decidí que quería aprender sobre la naturaleza, y pasé más tiempo escuchando a mi esposo, un apasionado de la caza, cuando se ponía a hablarme sin parar de todas las peculiaridades de los ciervos. También empecé a leer más libros. Leí libros sobre temas como finanzas o salud femenina. Le pedí a mi padre que me enseñara a jugar al póker y, aunque no soy jugadora, me llevó a un casino local a probar el video póker para que aprendiera las jugadas. Le agarré el truco y gané cien dólares. ¡Hurra!

Podría enumerar una docena de hechos divertidos y cosas interesantes que aprendí sobre cómo funciona el mundo, pero te lo ahorraré, en cambio, te animaré a que te tomes el tiempo para aprender. Cuando estés en una época de espera, ante una experiencia casi-pero-no-completamente, anímate a descubrir cosas nuevas. Lee un libro que normalmente no leerías. Haz más preguntas. Explora algún lugar en el que nunca hayas estado. Ve un documental. Siente curiosidad. Que seas adulto no significa que tengas que dejar de explorar. Date el permiso de caminar por la vida con el asombro de un niño. Puede que te sorprendas: puede que descubras nuevos conocimientos o que encuentres una habilidad o una afición que de verdad, de verdad te guste.

4) Sirve a los demás.

Con cuidado de no excederme y correr el riesgo de quedar exhausta, empecé a intentar decir que sí a algo más que a dedicarme a mí misma, mis deseos, mis necesidades o mis logros. Cada trimestre, intenté ocuparme de una o dos formas en las que podía hacer algo especial por otra persona. Empecé con algo pequeño. Por ejemplo, un mes, Matt y yo buscamos a qué iniciativas sociales podíamos donar. Uno o dos meses más tarde, me puse en contacto con algunas jóvenes de las que solía ser mentora, las invité a hablar y a reconectarnos. Me había tomado un tiempo para recargarme yo primero reuniéndome con quienes eran mis mentoras. Con mi copa llena pude verter algo en las de ellas y fue más vivificante de lo que imaginé. Meses más tarde, ayudé a organizar dos despedidas de soltera. Al trimestre siguiente, me puse en contacto con el director de la comunidad de nuestra iglesia y le pregunté qué trabajo voluntario podríamos hacer Matt y yo. Durante años habíamos dicho que queríamos abrir nuestra casa a los necesitados. Después de darle vueltas a la idea durante meses y luego de instalarnos en nuestra nueva casa, supe que había llegado el momento de poner manos a la obra. Aplicamos para el programa de una organización local no lucrativa y dimos los primeros pasos para abrir nuestro corazón y hogar de nuevas formas.

Comparto estos ejemplos contigo porque quiero que veas que no tienes que volar al otro lado del mundo para servir a otros. Ya sea que abras las puertas de tu casa para celebrar el evento importante de alguien —una graduación, un matrimonio o cualquier otra cosa—, o que extiendas tu mano a los necesitados de tu comunidad, o simplemente que te presentes ante un amigo que necesita ser escuchado, el servicio se puede presentar de muchas formas y tamaños. No importa lo que hagas o cómo lo hagas. Solo debes entender que cuando algo en nuestra vida se siente decepcionante, duro o solitario, a veces lo más edificante es salir de nosotros mismos y presentarnos como disponibles para otra persona. No tengas miedo de salir de ti mismo *antes* de que tu vida sea todo lo que quieres que sea, especialmente cuando todo te dice que sería más seguro aislarte y encerrarte.

5) Simplifica.

Cuando nos mudamos a nuestra nueva casa, solo desempaqué los artículos esenciales y dejé empacado el resto: artículos de decoración, libros y otras cosas que aún no tenían lugar más que en las cajas en el sótano. Muy pronto descubrí que yo funcionaba mejor con menos. Las superficies despejadas, el espacio abierto en las paredes y los toques acogedores que brindaban calidez al espacio nos funcionaban mejor: un poco de textura en las lámparas o una simple manta extendida.

En realidad, tiene sentido. Mi amiga Myquillyn Smith señala en su libro *Cozy Minimalist Home* (La acogedora casa minimalista): "La investigación científica ha demostrado que el nivel de cortisol —una hormona del estrés— aumenta en las mujeres cuando se enfrentan a un exceso de cosas"[2] Está demostrado que lo recargado nos hace sentir ansiedad y estrés. Al parecer, no es tan común en los hombres como en las mujeres. *Suerte la nuestra.*

Además de desempacar solo los artículos esenciales y útiles, o los que volvían acogedora una habitación sin recargarla, también creé algunos procedimientos para nuestro nuevo lugar. Por ejemplo, puse una cesta en el mesón de la cocina para recoger todos los artículos que, de otro

---

[2] Myquillyn Smith, *The Cozy Minimalist Home* (Grand Rapids: Zondervan, 2018), p. 34.

modo, acabarían regados por todas partes: carteras, lentes de sol, llaves, etc.

Así es más fácil mantener las superficies despejadas, pues mi esposo no es tan maniático del orden como yo y prefiere que la organización no sea demasiado complicada. He descubierto que las superficies despejadas me hacen sentir tranquila y feliz. Y eso es bueno para los dos.

Además, en mi misión de reducir la presión y enfocarme en mi bienestar espiritual, emocional y físico, minimizar el desorden en mis espacios vitales del día a día ha sido muy gratificante.

También sabía que ciertos proyectos a los que me había comprometido y otros que había estado haciendo, pero que no rendían lo suficiente como para continuar, eran más bien una distracción que añadía estrés a mi vida, más que contribuir con mi prioridad del presente.

Dicho esto, el desorden en lo que respecta a las cosas físicas no es lo único que puede causarnos estrés. El desorden mental —o exceso de cosas por hacer— en nuestro trabajo y en nuestra vida personal puede tener un efecto similar.

Cuando empecé a elegir *menos* pero *mejor* —menos desorden y más productos de calidad, menos compromisos aleatorios y más proyectos satisfactorios—, me estresé menos *y* sentí que experimentaba más éxito.

6) Diviértete más.

Hace unos meses, estaba sentada en mi oficina trabajando en un proyecto. Llegó la hora de la comida y sonó mi teléfono al lado, sobre la mesa. Era el mensaje de una amiga a quien no había visto en meses: "Oye, sé que es muy imprevisto, pero estoy en tu lado de la ciudad. ¿Hay posibilidad de un almuerzo casual en unos veinte minutos?".

Normalmente, le hubiera contestado que no y le hubiera preguntado si podíamos programar algo para otro día.

Cuando estaba a punto de mandarle un mensaje diciéndole eso, recordé que la vida es corta y vale la pena disfrutarla.

Le respondí: "¡Hola, por supuesto! Nos encontramos en unos minutos". Me pareció lo más rebelde y audaz que había hecho en mucho tiempo.

Caramba, de verdad debes vivir un poco más, J., pensé mientras salía de mi casa.

Una amable chica nos recibió en el restaurante y nos llevó hasta nuestra mesa; nos sentamos y ambas dejamos escapar un suspiro de alivio en medio de un día ajetreado. Nos reímos y empezamos a acumular toda la conversación que podíamos en los sesenta minutos que teníamos disponibles.

Hacia el final del almuerzo, tomé uno de los últimos bocados de mi ensalada y dije:

—Dios, me alegro de que hayamos hecho esto…

Ella dio un sorbo a su copa de Chardonnay.

—Amiga, ¡yo también! Ambas iniciamos pequeños negocios por la flexibilidad que nos da y debemos permitirnos disfrutar de sus beneficios.

¡Tenía toda la razón del mundo!

Independientemente de cuál sea tu ocupación, hay una lección que aprender aquí: una vida con más posibilidades, más pequeñas indulgencias y más satisfacción, no siempre requiere un radical y costoso cambio de imagen personal, ni tampoco que cumplas con todas las metas de tu lista de sueños en el cronograma que estableciste cuando tenías doce años y pensabas que el mundo era una tierra mística donde todos los sueños se hacen realidad tan solo porque le pediste un deseo a una estrella fugaz. A menudo, solo hace falta hacer algunos ajustes para encontrar formas de *disfrutar* de la vida que ya tienes en el recorrido hacia donde vas.

Para mí, fue necesario dejar un negocio, perder dos preciosos bebés, redefinir lo que la palabra *suficiente* significa para mí, liberar mis expectativas, restablecer mis tiempos y renunciar a mi hogar soñado, para redescubrir la importancia de disfrutar la vida que tengo ahora. Al principio, los planes frustrados, interrumpidos o destruidos parecen anular por completo nuestros sueños. Sin embargo, ahora veo que este tipo de experiencias pueden ayudarnos a valorar más nuestra vida que de cierta manera es plena en su imperfección porque vamos avanzando por un camino único, así que disfrutémoslo aquí y ahora, no solo cuando lleguemos a nuestro ansiado destino.

Tal vez lo más importante de las temporadas de entrenamiento como esta, sea aprender el arte de estar presente y pasarla bien donde estamos, elegir ser espontáneos, reír hasta llorar en medio de la jornada, aprender algo nuevo o encontrar un pasatiempo que nos desafíe (como la jardinería en mi caso). Hacerlo nos ayuda a superar la creencia de que existimos para cumplir una lista de tareas, además de permitirnos superar la presión de estar a la altura de expectativas poco realistas.

Todos necesitamos un poco más de cierta clase de extravagancia y deleite y si lo permitimos, las desilusiones pueden invitarnos a darles más importancia de lo debido. No olvides darte permiso para pasarla un poco mejor, sí, a tu edad, porque nunca es muy temprano o demasiado tarde para gozar de tu vida.

Bienvenida al campo de entrenamiento

Centrarse en las pequeñas cosas, crear ritmos y rutinas, aprender algo nuevo y dejar más espacio para la diversión y la espontaneidad son solo algunas cosas que hice durante mi campamento de entrenamiento. Espero que te brinden algunas ideas para decidir por dónde podrías empezar. Cualquiera sea tu campamento, tómate este tiempo para evaluar qué tan bien te has ocupado de tu cuerpo, mente, alma, relaciones y tiempo. Luego, considera qué pasos puedes dar para atender cada aspecto y mejorarlos, aunque sea un poco.

Esta es la cuestión: cuando los sueños no se logran, puedes verlo como un callejón sin salida o como un campo de entrenamiento para el destino que Dios ha diseñado para ti.

Toda la vida es una temporada de entrenamiento, no solo los difíciles tiempos de espera por un sueño cumplido. Nuestros días de existencia son como una sala de espera para lo que nuestra alma realmente quiere, son una preparación para finalmente llegar a nuestro hogar eterno. Razón más que suficiente para cuidar de cada minuto, no solo cuando las cosas se ponen difíciles.

Tal vez el secreto del éxito cuando navegamos por la decepción con el corazón roto en camino hacia lograr nuestros mayores anhelos no es simplemente ser fuerte. Creo que, de hecho, se trata de aprender a administrar correctamente: plantar con fe, cuidar con paciencia y permanecer en el amor.

Cuando permitimos que la decepción, la angustia y las expectativas frustradas nos inviten a participar en cosas que no son las que realmente importan, nuestra perspectiva cambia y se desvía. Así que siempre nos daremos cuenta de que hay mucho poder en soltar el control sobre lo que es finito y temporal, para dedicarnos a sembrar semillas en la eternidad y para decir "sí" más a menudo a lo que realmente importa.

Permite que este sea un momento para descubrir lo que quieres cultivar y lo que quieres soltar. Date la oportunidad de pasarla mejor durante el viaje hacia donde vas; no esperes a ser feliz hasta cuando llegues allí. Apóyate en el Señor. Conecta con otros. Admite lo que no sabes. Aprende cosas nuevas. Y, por supuesto, deja espacio para el margen de error y diviértete un poco más.

Recuerda que este es tu hogar temporal. Incluso cuando consigas algo que anhelas de este lado del cielo, esa etapa nunca fue diseñada para ser tu destino final. Por lo tanto, solo te brindará satisfacción durante un tiempo hasta que haya algo nuevo que alcanzar. Casi siempre habrá algo nuevo que esperar. Atrévete a rechazar la tentación de permitir que una temporada de espera se convierta en una temporada desperdiciada porque de eso se trata la vida, así que te la perderías. Tal vez el tiempo en la sala de espera es largo porque está diseñando para que lo aprovechemos.

Llena tu vida con la verdad, la diversión, la fantasía, la fe y el amor que se necesita para que puedas volver a levantarte y ponerte de nuevo en camino, como la buena administradora y guerrera que eres porque así fuiste creada.

13

Tienes *tiempo*

"Pensamos que sería mejor retrasar la fecha de lanzamiento... Pensamos que nos daría tiempo para hacer el mejor libro posible", leo en un correo electrónico de mi editor sobre este libro que estás leyendo ahora.

Mi corazón se hundió. Era octubre de 2020 y ya habíamos retrasado la fecha un par de meses antes. Lo entregué en junio como habíamos acordado y diez días después recibí el despiadado golpe de mi segunda pérdida. Mi editora me escribió al enterarse de la noticia y me dijo que no empezaría la edición hasta que yo estuviera lista para revisar el material, por si quería cambiar algo. Me sugirió que me tomara hasta septiembre para decidir qué revisiones quería hacer a mi manuscrito a la luz de ese inesperado giro de los acontecimientos. Mi esperanza era que si lo presentaba de nuevo en otoño, solo retrasaría la fecha de publicación unos meses, en lugar de un año o más.

Así que, al final del verano, hice todas las correcciones que consideré necesarias y envié el manuscrito a las cinco de la tarde del día acordado. Unas semanas más tarde, recibí un correo electrónico en el que me decían que, de todos modos, era probable el retraso de la fecha de lanzamiento. No tenía sentido para mí en ese momento. *Por favor, no dejes que otro sueño se retrase para una fecha lejana y desconocida*, pensé.

Antes de responder, llamé a mi agente y él me recomendó agendar una llamada con el equipo de publicación para tener claro el panorama de lo que ellos tenían en mente. Seguí su consejo y mi respuesta al correo fue solicitar una conferencia telefónica. Después de unas horas, establecimos una la reunión para el siguiente lunes.

El día de la reunión me empezaron a sudar las manos mientras marcaba la llamada. Estaba nerviosa por lo que dirían.

¿Odiarían el manuscrito que envié? ¿Soy tan terrible escritora?

Mientras discutíamos el manuscrito y los plazos, los escuché explicar sus razones para retrasar de nuevo la fecha de publicación.

—Tienes muchos diamantes en ese texto y creemos que podemos pulirlos con un poco de tiempo trabajándolo. Pareciera que el manuscrito se transformó en un libro de memorias y no estamos seguros de que esa fuera su intención y contenido original —dijeron.

Además, aclararon:

—Comprendemos que escribiste durante una época muy difícil para ti. Sabemos lo catártico que puede ser volcar todo el dolor y los detalles en papel, para luego lamentarlo. A veces, cuando los autores escriben desde un lugar muy "crudo" de su experiencia de vida, luego desean haber tenido tiempo para sentirse más seguros de lo que han decidido compartir con el mundo. Deseamos darte ese tiempo, convencidos de que podemos trabajar juntos para que tu libro sea tan impactante como sabemos que será.

La traducción en mi mente: *Sí, odian el manuscrito. Es terrible. Soy una pésima escritora.*

Cuando terminó la reunión, mi agente me llamó directamente y me animó diciéndome que eran buenas noticias y que sinceramente era poco frecuente que una empresa de publicación tuviera esa consideración. Muchas veces, los tiempos establecidos son plazos inamovibles y lo que está escrito es lo que se imprime. Me motivó a no tomármelo como algo personal, sino a ver la orientación y generosidad de la editorial como una bendición.

Era difícil creerle, pero lo hice. Al fin y al cabo, él era el experto, ellos eran los expertos. La verdad es que deseaba cumplir con los tiempos que habíamos definido, pero al pensar en lo que decían y considerar las veces que he visto a líderes cometer el error de promover un proyecto cuando claramente no era el momento, finalmente —y a regañadientes—, accedí.

Me enviaron algunas notas editoriales y reflexiones sobre el borrador que recibieron y a finales de noviembre retomé la escritura del manuscrito.

Sinceramente, no fue divertido. Quería desesperadamente que algo, cualquier cosa, saliera bien ese año. Ahora, otro sueño importante parecía haber quedado patas arriba —aunque por una buena razón (tuve que recordármelo a mí misma)—, justo cuando casi se cumplía.

Ahora, casi un año después, me alegro de haber esperado. Esta obra es mucho más completa y clara de lo que habría sido si me hubiera apresurado a publicarla. La fecha de publicación se retrasó más de un año, pero esperar y perfeccionarla fue la mejor decisión que pudimos haber tomado.

El mensaje cobró vida, tomó forma, se hizo más claro y estoy más segura de las palabras que estoy ofreciéndote.

¿La ironía? El libro que habla sobre cómo encontrar claridad y satisfacción en medio de los sueños y planes que *casi* —pero no completamente— se cumplen fue un sueño —un plan— que casi se cumple. Pero tuve que volver al punto de partida para que se cumpliera.

Parece que siempre me toca reaprender los mensajes de mis libros mientras los estoy escribiendo. ¡Eso sí que es una lección de humildad! A pesar de lo enloquecedor que fue en su momento, el proceso de editar este libro me enseñó algo que muero por compartirte.

Resistir las prisas

La cultura no nos enseña a tomarnos la vida con calma, o al ritmo que más nos convenga. Creo que esa posibilidad que las redes sociales nos brindan de ver con binoculares la vida de los demás nos somete a más presión por lograr todo simultáneamente.

Escribe el libro más vendido, construye el negocio del millón de dólares, alcanza la cúspide de tu profesión, cásate y que lleguen pronto los bebés, alcanza estabilidad, compra una casa, paga todas tus deudas y haz todo eso para cuando vayas a cumplir los treinta y cinco años, o cualquier edad arbitraria en la supuestamente ya debes haber logrado todo.

¿Sería bueno que todo eso estuviera en su lugar antes de los treinta o los treinta y cinco o la edad que sea? Por supuesto. Y algunos aspectos son así para algunos de nosotros. Pero también hay muchos *casi* que son molestos, irritantes, hasta agonizantes sobre los que he escrito, incluido este libro. Esos proyectos inconclusos me animaron a creer que no debemos lograrlo todo simultáneamente.

¿Significa que varias cosas no pueden salir bien al mismo tiempo en la vida? En absoluto. Y para algunas personas, así es. Algunos consiguen tener una carrera exitosa, una casa hermosa y unos hijos preciosos antes de cumplir los veintiocho años. ¡Estupendo! Pero no significa que deba ser así para que tú y yo disfrutemos de una vida maravillosa.

La experiencia de escribir, reescribir y esperar para publicar este libro me recordó algo que mi madre me enseñó cuando me gradué de la universidad y di el paso al matrimonio y a mi carrera: "La vida tiene fases. No debes hacerlo todo ahora para tener éxito y ser feliz".

Con su propio recorrido como ejemplo, a menudo me recordaba que ella no creó su gran empresa hasta los cuarenta años. A los veinte años, trabajó en una empresa como ingeniera. Luego, a finales de los veinte, se convirtió en madre y durante unos diez años no avanzó ni dio grandes pasos en su carrera. Durante esos años, dedicó la mayor parte de su energía a la maternidad. A medida que crecíamos y nos hacíamos más independientes, empezó a dedicarse de nuevo a sus aspiraciones, lo que culminó en su gran y exitosa empresa a los cuarenta años. Después, a sus cincuenta años, luego de una década, la vendió.

A mis veintidós años, cuando mis ojos brillaban lozanos y podía recoger mi abundante cabello en una cola tupida, cuando mis ganas de conquistar el mundo me nublaban el entendimiento, sus palabras no tuvieron mucho eco. Pero varios años más tarde, después de experimentar más vida y pasar por un pequeño infierno, empecé a entender —y apreciar— lo que quería decir: "De verdad que no todo tiene que hacerse ahora mismo".

Después de que mamá vendió su negocio, se dedicó a un sueño postergado: escribir un libro. Ella no escribió su primer libro hasta mediados de sus cincuenta años. Y ahí estaba yo, enfadada porque la fecha de publicación se retrasaba un año. Hablemos de perspectivas, por favor.

Con su gentil forma de animarme —junto con su vivo ejemplo en el fondo de mi mente— recordé que tengo tiempo. Y como una crónica buscadora de logros, su visión me permitió respirar profundo.

Por supuesto, el tiempo es importante para algunas cosas, pero otras no tienen por qué tener plazos tan rígidos y arbitrarios.

Por ejemplo, es posible que no pueda tener hijos o formar una familia a los cincuenta o sesenta años, pero sí puedo crear todas las empresas o escribir todos los libros que quiera. La otra cara de la moneda es que, en mis veinte y treinta años, si todavía no consigo todo lo que quiero profesionalmente, no pasa nada.

Tal vez a ti también te funcione ese recordatorio, sobre todo si te sientes como si no hubieras conseguido nada en tu vida porque te pasas la mayor parte del día persiguiendo a niños pequeños y cambiando pañales o, al contrario, porque te has esforzado tanto por romper techos de cristal que estás agotada y te preguntas: "¿Quiero seguir haciendo esto? ¿Para qué sirve todo esto?".

Sea cual sea tu realidad actual y lo que sea que sientas que debes apresurarte a lograr o completar, solo quiero recordarte lo mismo que debo recordarme cuando empiezo a sentirme urgida por algo y a creer la mentira de que si no lo hago todo esta semana, este mes o este año, voy a perder mi única oportunidad en la vida.

Amiga, de verdad no hay que hacerlo todo ahora.

Tienes tiempo.

Esperamos ser capaces de darle 100% a nuestra carrera, 100% a nuestra familia, 100% a nuestra salud y 100% a todo lo demás.

Lo siento, pero las cuentas no cuadran. No es posible hacerlo todo al mismo tiempo y debemos darnos permiso para resistir la presión que arbitrariamente nos imponemos.

La vida se divide en temporadas por una razón. Si quieres escribir diez libros, ¡perfecto! Tienes mucha vida para hacerlo. Si quieres crear una gran empresa o una organización sin fines de lucro, no tienes que hacerlo antes de cumplir los treinta años. También puedes hacerlo a lo largo de tus cuarenta años, o de tus cincuenta y sesenta años.

No significa que debas posponer un sueño indefinidamente solo porque asusta, significa que no debes forzarlo si no es el momento o la temporada adecuada para ti, porque hay muchos otros aspectos en los que te estás enfocando.

No todo debe hacerse ahora mismo.

Date permiso para reevaluar periódicamente tu vida y tus prioridades en el tiempo específico en el que te encuentras, no en el tiempo en el que está tu amigo o tu colega. Pregúntate: "¿Lo que tengo por delante es lo que quiero?". Además: "¿Tiene que ocurrir en este momento, esta semana o este año?".

Sé que dicen que el mañana no está garantizado y, aunque es cierto, tampoco experimentarás satisfacción con tu vida actual si intentas atiborrarla de proyectos. Así que yo diría que es mejor vivir a un ritmo más sereno y manejable.

Recuerda que tienes tiempo.

Tienes tiempo para dar un paso atrás. Tienes tiempo para procesar el cambio de planes. Tienes tiempo para recuperarte de un desengaño o una pérdida. Tienes tiempo para probar cosas, tropezar y volver a intentarlo. Tienes tiempo para resolverlo.

Tienes tiempo para grandes logros sin necesidad de hacerlo todo ahora mismo. Tienes tiempo. Y el hecho de que algo pueda tardar un poco más de lo que te gustaría, no significa que estés quedándote atrás de los demás.

14

Termina con *fuerza*

Escribo desde Montana. Hemos llegado hasta aquí, aunque esta vez en avión. Ha pasado un tiempo desde nuestro primer intento, el que terminó en algún lugar de Minnesota y con miles de dólares perdidos en el Airbnb al que tuvimos que renunciar.

Miro por la ventana la cordillera delineada contra el imponente cielo. Nada es lo que imaginaba. Es mejor.

En la inmensidad de sus llanuras abiertas rodeadas de montañas pintadas sobre grandes cielos que se extienden hasta donde alcanza la vista, siento un profundo aprecio por la belleza. Descubro que realmente saboreo cada experiencia gastronómica, cada caminata y cada bocanada de aire fresco de la montaña, descubro que me tomo el tiempo para estar presente y absorber cada segundo. Los grandes cielos, la gente amable y las montañas que hemos ascendido me dan una idea de lo que es posible y me animan a soñar, justo cuando creía que soñar era imposible.

No estoy segura de que hubiera tenido esta claridad para disfrutar cada detalle y para agradecer la oportunidad de descanso que este hermoso lugar me brinda, si no hubiera tenido que recorrer un camino con tantas curvas para llegar.

Por otro lado, es extraño pensar que he llegado físicamente a Montana, pero aún no he llegado del todo a la vida que Montana representa para mí, una en la que soy profesionalmente exitosa, en la que vivo en mi hogar es apacible y en la que siento que mi familia está completa.

¿Has tenido un sentimiento extraño como este? ¿Has experimentado la sensación de que el lugar donde te encuentras está lleno de encanto, aunque todavía tienes sueños sin cumplir, hay metas que no has alcanzado y enfrentas situaciones que no son como pensabas que serían?

Es extraño, pero también frustrantemente santificante, ¿verdad? El recordatorio de lo que falta contra el telón de fondo de lo que no quieres perder puede crear una intersección inusual entre el duelo y la gratitud. En momentos y espacios como esos es donde de verdad creo que podemos decidir que nos guste nuestra vida. Puede que no estemos enamorados locamente de todos sus aspectos y podemos percibir lo que no ha salido bien, pero también podemos apreciar el bello regalo que represente aquí mismo, justo en este punto intermedio.

Es posible que el destino que soñamos no sea fácil, que no sea rápido llegar, puedes que incluso perdamos dinero o recursos buscándolo. Es posible que debamos cambiar nuestros planes o intentar una ruta diferente. Pero si mantenemos nuestra visión en mente, si nos enfocamos en una clara prioridad un día a la vez y si sembramos semillas de legado en cada jornada larga y difícil, cuando lleguemos a donde deseamos: la eternidad, todo habrá valido la pena, cada rechazo, desilusión, larga espera, desvío y expectativa frustrada rendirán frutos.

Un amigo me dijo hace poco: "Las pérdidas o contratiempos que experimentas antes de llegar a tu destino, hacen que la magia de llegar sea mucho más encantadora".

Pasar por pérdidas o contratiempos antes de experimentar (rellena aquí lo que esperas), hace que la magia de (rellena aquí lo que esperas) sea mucho más encantadora.

Si lo viví a pequeña escala cuando pensé que el viaje a Montana se había arruinado después de los abruptos retornos, los retrasos y la espera, pero finalmente llegué, entonces quizá pueda pensar que lo mismo aplica para el destino que Montana llegó a representar para mí: la plenitud. La redención de mi historia. Mis sueños restaurados.

Aunque sea difícil creerlo en medio de la frustración, tal vez podamos comprometernos a creerlo juntas, cuando las rutas y los momentos que enfrentamos no nos lleven tan rápido como nos gustaría hacia donde queremos llegar.

Antes de que ocurra el felices para siempre

Creo que ya sabes que este no era el final para mi libro. Hace un año tenía el borrador de un capítulo final completamente diferente. Todo estaba atado con un bonito lazo, tal y como me gusta.

La primera vez que entregué este manuscrito fue justo diez días antes de enterarme de nuestra segunda pérdida. Había contado una hermosa historia de esas en las que se cierra completamente el círculo con gozo; había escrito toda clase de lecciones inspiradoras sobre cómo todo sale bien si crees firmemente. Parece una broma, ¿cierto?

Aunque creo que todos tendemos a hacerlo, como autora, me he dado cuenta de que me gusta escribir mi propio final feliz antes de llegar allí.

En cualquier caso, cuando se lo envié a mi editora la primera vez, incluí una nota sobre el último capítulo, aclarando que estaba 75% completo y que lo terminaría en unas pocas semanas más. Quería estar más segura de que las cosas iban a salir bien antes de terminar la hermosa y completa historia de redención que *supuestamente* sería.

Como ya sabes, no fue así en absoluto. Mis planes para este libro se arruinaron como todos los planes para ese año, justo cuando creía que solo faltaban unos cuantos párrafos finales. El libro estaba *casi terminado, pero-no-completamente* y desde entonces he tenido que rescribirlo por completo.

¿Hay algo más desalentador que estar a escasos centímetros de un final feliz solo para ver que todo se derrumba, por lo que debemos volver a empezar? Yo voto que no, realmente no hay algo más desesperante que eso.

Supongo que mi sensación de que el libro no estaba completamente terminado es significativo. *Quería* contarte el perfecto final feliz de la historia que había escrito en mi mente. Pensé que te la compartía desde el otro lado de los sueños rotos y quería ofrecerte la prueba de que si algo no funciona a la primera, funcionará si te levantas y lo vuelves a intentar.

Por supuesto, la vida no siempre es así. A veces, tan pronto como crees que te has levantado del último golpe, te vuelven a derribar, incluso puedes empezar a cuestionar todos tus sueños.

Así que tuve que reescribir la historia tal y como pasó en realidad y no fue fácil... porque esta no es la historia que quería escribir, mucho menos vivir. Puede que este haya sido el proyecto más difícil en el que he trabajado hasta la fecha y si soy sincera, me frustra muchísimo que no esté decorado con un hermoso lazo de regalo y que todavía haya muchas incógnitas. Pensé que escribiría desde el otro lado. Y en lugar de eso, te escribo *desde* el incierto lugar a medio camino.

Aunque me encantaría que la experiencia hubiera sido más fácil, me atreví a preguntarme: "¿Es posible que esta historia sea *mejor* que la primera y que yo me esté convirtiendo en alguien *mejor* gracias a ella?".

Esto es lo que quiero decir: en medio de las decepciones y expectativas frustradas, con mis sueños rotos y sintiendo un profundo dolor por todo lo inesperado que sufrí, descubrí esas ganancias inesperadas de las que te hablé.

A medio camino, entre un punto y otro, en este *casi* que me enfrenta a lo desconocido, he experimentado un *refinamiento*. Me transformé de adentro hacia afuera, adquirí una nueva perspectiva sobre lo que realmente importa y descubrí la fuerza que obtenemos al saber qué deseamos realmente, cuál es nuestra prioridad frente al mundo que intenta convencernos de ir por todo.

No quiero hacerlo *todo*. Quiero hacer unas pocas cosas y hacerlas bien.

No quiero darle vuelta a casas que apenas tengo tiempo de renovar, solo porque eso parece divertido en un programa de televisión. Quiero dedicarme a mi salud y a construir mi familia.

No quiero una casa perfecta a lo Pinterest. Quiero una casa funcional que sea adecuada para *mí*, una casa en la que disfrute vivir y que me sirva a mí, a mi familia y a mi comunidad.

No quiero perseguir objetivos financieros arbitrarios solo porque otra persona gane mucho dinero. Quiero correr *mi* carrera y ganar el dinero que necesito para financiar mi misión y crear opciones para mi familia.

No quiero ser una jefa tosca, mandona o competitiva. Solo quiero pensar como una líder y establecer límites saludables para no terminar exhausta.

No necesito logros para demostrar a los demás que soy exitosa. Quiero ser una buena administradora que es intencional en todo lo que hace.

Podría seguir, pero estoy segura de que comprendes mi punto. De la manera más inesperada, los contratiempos y el sufrimiento más indeseados replantearon mi visión, aclararon mi por qué, me recordaron lo que *realmente* quiero y revelaron mi objetivo, mi misión. Ahora sé qué es lo que persigo y pretendo… y lo que no busco en absoluto.

Deseo esa convicción para ti.

Tal vez aún no hayas llegado a tu *feliz para siempre*. Apuesto a que hay algo que todavía está *pendiente* en tu vida. Algo *que falta hacer*. Los llamo *sueños pendientes*. Es como ver ese molesto círculo que se ilumina por secciones en la pantalla de tu computadora indicando que el archivo o el programa está cargando antes de mostrarse. ¡Es terrible cuando se congela en medio de un proyecto importante! Te quedas ahí, preguntándote cuánto tiempo tardará para que finalmente vuelva a funcionar.

¿Puedo contarte un pequeño secreto? No creo que lleguemos a ser felices para siempre en este lado del cielo. Puede que alcancemos un éxito, puede que logremos una meta, pero ¿pensar que llegaremos a un lugar donde finalmente lo tengamos todo en un mundo roto? Solo nos estamos autoengañando.

Una parte de mí quería esperar a terminar este libro hasta tener esa historia de redención que contar. Quería contar una historia con un final perfecto.

Creo que tendemos a escribir nuestra historia de redención preferida y queremos obsequiar historias que terminen bien después de un capítulo difícil. Pero entonces, a veces, enfrentamos otro capítulo duro y luego otro, así que despertamos a la realidad de que no somos los autores de nuestra propia historia.

Supongo que esta es la parte en la que debemos recordar que nuestra historia de redención no es la que debemos escribir. Es la historia de Él redimiéndonos. No somos mejores autores que Dios y, por mucho que nos gustaría que Él se pusiera manos a la obra e introdujera el giro argumental en el que nosotros ganamos, debemos recordar que, bueno… Él ya lo hizo. Hace dos mil años, en una cruz. Y que la circunstancia actual no es un callejón sin salida. Definitivamente la confusión es frustrante, enloquecedora y agotadora, pero podemos profundizar y encontrar una manera de creer que algún día toda esta porquería tendrá sentido. Porque hay más en mi historia, y más en la tuya también.

La verdad es que, culminemos o no una etapa, siempre estamos en el medio, entre dos jardines, casi… pero aún no donde realmente anhelamos estar.

Termina bien

Si leíste la introducción de este libro, conoces la historia de cuando hice atletismo de pista en la escuela secundaria y, en mi primera carrera, me incliné hacia la línea de llegada en un intento por ganar, pero en lugar de eso me fui de cara y caí boca abajo en la pista. Casi gané…, pero terminé en último lugar.

Estaba tan enfocada en vencer a otra persona que di un mal paso y no terminé bien. Ahora, cuando persigo esperanzas, sueños y metas, o cuando empiezo nuevas actividades, debo preguntarme: "¿Me estoy preparando para caer estrepitosamente o me estoy preparando para terminar con fuerza? ¿Estoy tratando de superar o mantener el ritmo de otra persona? ¿O estoy corriendo a un ritmo sostenible, enfocada en lo más importante para mí y en terminar bien MI carrera?".

¿Sabes?, una vez que has estado tan cerca de llegar a una meta o de alcanzar un sueño solo para caerte a pocos centímetros de la meta, puede ser difícil encontrar el valor para levantarte e intentarlo de nuevo. Puede ser muy difícil ponerte de pie para volver a empezar. Para volver a correr. Para salir de nuevo a la calle. Para volver a soñar.

Ya sea fallar en el esfuerzo por obtener un ascenso, o en el primer intento de encontrar el amor, en reparar una relación o en formar una familia, esa derrota aplasta tu esperanza y te hace replantearte todo. Es aterrador fracasar, te hace demasiado vulnerable y se siente humillante dar otra oportunidad a tus *casi*.

Pero escucha: no debes terminar de primero. Ni siquiera debes terminar rápido. No debes terminar de forma rutilante y llamativa, no debes terminar antes que alguien más. Ni siquiera debes terminar todo. Algunas cosas es mejor dejarlas en pausa o sin hacer. Pero a medio camino, mientras esperas aquello que ves fuera de tu alcance, haz que tu misión sea simplemente terminar *algo*.

Se siente bien terminar algo, aunque no sea tu principal sueño o el más grande. Establece una pequeña meta, empieza a trabajar en ella y no la dejes hasta que la termines. Ya sea que esa meta sea plantar un jardín, abrir un pequeño negocio o correr una carrera de cinco kilómetros, encuentra algo que puedas terminar mientras esperas por un sueño que parece fuera de tu alcance.

¿En quién te convertirás?

Tengo una última historia para ti. No hace mucho, compartí una larga conversación durante el desayuno con una colega de negocios que se convirtió en una querida amiga. Mientras intercambiábamos historias de nuestras decepciones y derrotas en el camino hacia nuestros mayores sueños, la conversación volvía a un tema central: cuando el camino se hace largo o cuando las cosas casi salen bien, pero luego no del todo, podemos amargarnos o mejorar con la experiencia.

Entonces dijo: "¿Sabes?, muchas veces en mi vida las cosas no salieron como yo esperaba. A veces me pareció que tuve más decepciones que sueños cumplidos. Pero ahora, puedo ver cómo cada lucha y cada revés en el camino me hicieron la mujer que soy ahora".

Cada lucha y cada revés en el camino me hicieron la mujer que soy ahora.

Por mucho que queramos escribir el final feliz perfecto para nuestras historias imprevisibles, a veces no es tan sencillo como ponerte de pie para intentarlo de nuevo. A veces hay que luchar para volver a levantarse, pedir ayuda, buscar ganancias en el dolor y seguir pasito a pasito nuestro camino hacia adelante, incluso si antes de caminar avanzamos gateando.

Los retos que encontraremos en el camino hacia nuestros mayores sueños son tan imprevisibles como el clima en Indiana. Empiezo a darme cuenta de que alcanzar cada sueño no es lo único que importa. También importa en qué nos convertimos y qué hacemos, incluso cuando nuestros sueños nos defraudan.

¿Significa que debemos renunciar a nuestras esperanzas? Absolutamente no. Pero puede que estas se refinen a través del fuego y, en el fuego, quizá descubramos que algunas de esas metas no son realmente una prioridad para nosotros, a la luz del cambio de perspectiva que el sufrimiento o los reveses nos dan. Si lo permitimos, la decepción, las dificultades y las expectativas insatisfechas realmente pueden cambiar nuestro enfoque de lo poco importante y urgente a lo más importante y eterno.

Así que ahí es donde empiezo de nuevo. A partir de ahí, voy a persistir. Seguiré atendiendo lo que importa en lugar de apresurarme para mantener el ritmo o ganar un juego para el que nunca nací. Seguiré sembrando en la fe y echando raíces en el amor. Seguiré dando un paso adelante cada vez.

Espero que, de alguna manera, independientemente de cuántas decepciones o penas hayas afrontado, puedas cavar profundo para encontrar el valor y la gracia suficientes que te permitan hacer lo mismo.

Quiero terminar con esto: las consecutivas pérdidas que experimenté me mostraron cuántas cosas tuvieron que unirse perfectamente para que tú y yo hayamos nacido y respiremos en esta tierra. Si una pequeña célula se divide mal, eso puede ser el fin de la existencia.

¿Sabes lo que eso significa? Significa que tu vida no es algo casual y sencillo. Solo quiero que entiendas lo milagrosa y frágil que es tu existencia. Espero que la valores. Espero que la aprecies. Espero que vayas tras la vida con audacia desenfrenada. Espero que no te rindas y que te atrevas a ser tan tremendamente persistente que te duela.

Y mientras tanto, en la tensión entre donde estás y donde esperas estar, sigue regando la tierra de tus sueños y aferrándote a la esperanza de que en el momento adecuado brotarán, crecerán y florecerán... incluso si el proceso o su cronograma parecen muy diferentes a lo que tenías en mente.

Si tus sueños se han retrasado, se han visto dolorosamente interrumpidos o incluso se han destruido, *¿cómo aprovecharás esa inesperada oportunidad para refinarte?*

Si te encuentras en medio de expectativas incumplidas, metas inalcanzadas, incógnitas y etapas *casi*. Haz que tu misión sea terminar *algo*, seguir adelante y permanecer fiel en ese divino intermedio, incluso antes de llegar a donde quieres estar. Corre bien *tu* carrera.

Elijamos vivir intencionalmente y abrazar nuestros *casi*. Aceptemos y aprovechemos los tiempos intermedios entre el punto de partida y la meta deseaba para que un día, al final de nuestra vida, podamos mirar atrás y decir con confianza: "Ha sido muy duro, pero terminé la carrera. He mantenido la fe. Y ¡caramba! estoy agradecida de que todo lo que he vivido me haya convertido en la mujer que soy ahora".

"He peleado la buena batalla,
he acabado la carrera,
he guardado la fe."
(2 Timoteo 4:7-8)

Jordan Lee Doodley es ampliamente reconocida porque su eslogan, "Tu quebranto es bienvenido aquí", se convirtió en un movimiento internacional. También es la autora del bestseller Cada día es tuyo.

Ella encuentra formas creativas y prácticas de equipar a la mujer común y corriente para una vida saludable e intencional. Honrando sus raíces de Indiana, Jordan nos muestra una vida sencilla de chica del interior, junto a su esposo Matt y su perro Hoosier. Acércate a conocerla en JordanLeeDooley.com